ちくま新書

社会学の名著30

竹内 洋
Takeuchi Yo

718

社会学の名著30【目次】

嘲笑せず、嘆かず、呪わずに、理解する！——スピノザ

はじめに――解説書のすすめ

古典や名著を読みなさい、とよくいわれる。そのとおりである。しかし、初学者がいきなり、古典や名著を読むと、途中で挫折してしまうことがすくなくない。直訳調の文体やいりくんだ論理の難しさに圧倒されることで挫折するだけではない。時代ははるか昔、書かれたのも遠い異国のことが多いから、背景についての知識がなければ、文中にでてくる人名や出来事のひとつひとつにひっかかるからである。それに読書に慣れていないときには、書いてあることすべてを理解しなければ、という完璧主義が禍《わざわい》に輪をかけることになる。

いきなり古典、いきなり名著は挫折という危険がいっぱいである。挫折がトラウマになって、古典や名著嫌いになってしまう代償が大きい。

他人の話ではない。わたし自身、大学一年生のとき、そんな経験をした。マルクスやウェーバーと同時代のドイツの社会学者テンニース（一八五五―一九三六）の『ゲマインシャフトとゲゼルシャフト』を翻訳で読みはじめたが、三分の一もいかないところで、本を開けるのが億劫《おっくう》になった。まずおもったのは、わたしは頭が悪いのではないか、である。つぎには、古典とか名著というのは難しいだけで、面白くないものとおもいはじめていた。

いま読めば、『ゲマインシャフトとゲゼルシャフト』は決して難解本とはおもえないが、マルクスもウェーバーもよく知らず、当時のドイツ社会についての知識もない状態では、仕方がないというほかはないが、あの状態でおわっていたら、わたしこそ「悦《よろこ》ばしき知識」（ニーチェ）の境地とは縁遠い、悲しい存在になっていただろう。

ところが『ゲマインシャフトとゲゼルシャフト』に挫折したすぐあとに、『近代人の疎外』（パッペンハイム著、粟田賢三訳、岩波新書）を読むことで霧が晴れた。『近代人の疎外』は「人間疎外」をキーワードに、ジンメルやマルクス、そしてテンニースの理論を比較しているのだが、テンニースがマルクスの所説を高く評価していたなどの逸話もまじえて書かれてあった。古典を同時代の思想や理論と対比することで解説する仕掛けになっていた。この本を読んでから、テンニースの本に立ち返ると、以前とはちがって、興味深く読めたことを覚えている。

ところが世の学者たちは、解説書はいけない、原書（翻訳を含めて）を読みなさいという、原理主義ならぬ原書主義をとなえる人が多い。なるほど、解説書はあくまで原書の解説であり、入門である。その意味で原書を読むにしくはない。しかし、多くの人にとっては、いきなり原書は障害物が多すぎる。だとしたら、解説書や入門書で軽いトレーニングをつんでから、原書にすすむというのが順当であるとおもう。

といっても解説書は初学者のためだけのものではない。中級・上級者も、結構楽しめる。原書を読んだあとに解説書を読むと、こういう読み方があるのかと、「会読」——昌平坂学問所や私塾（福沢諭吉が勉学した適塾など）で学生が一堂に会し、原書を読みあう集《つど》い——に加わっているような感がある。わたし自身、ウェーバーやデュルケームなどの著作を読んだあとに、かなりの解説書を読んだが、蒙《もう》が啓《ひら》かれることがすくなくなかった。

もちろん、すべての解説書が、これまで述べてきたような効能を十分もっているというわけではないから、自分にあったよい解説書を選ぶことが大切だとおもう。


本書は、そんなわたしの苦い経験を思い出しながら、社会学の名著のなかから三〇冊を選び、名著の解説としたものである。なにが名著であるかについては、ある程度のコンセンサスがあるが、人によって違いもある。三〇冊を選ぶにあたっては、世評を考慮しながらも、最終的にはわたしの好みを優先させた。いくら世評が高くても、わたしがおもしろく読んだという経験がなければ、読者にその本のよさをつたえることができにくいからである。もちろん本書以外にもわたしが社会学の名著とおもう本は多くあるが、三〇冊という限定だから、割愛せざるを得なかった。

本書の中でとりあげたそれぞれの名著について、二カ所ほど、原文（翻訳）から引用している。引用箇所を「素読」してみるのも一興かとおもう。本書が名著を直接読んだり、昔読んだ名著をもう一度ひもといてみようか、という触媒になれば、解説者としては望外の喜びである。

本書でとりあげた名著30冊の著者の生没年

カール・マルクス(ドイツ)	1818–1883
フリードリッヒ・エンゲルス(ドイツ)	1820–1895
エミール・デュルケーム(フランス)	1858–1917
ゲオルク・ジンメル(ドイツ)	1858–1918
マックス・ウェーバー(ドイツ)	1864–1920
オルテガ・イ・ガセット(スペイン)	1883–1955
カール・マンハイム(ハンガリー→ドイツ)	1893–1947
ノルベルト・エリアス(ドイツ)	1897–1990
姫岡勤(日本)	1907–1970
ディヴィッド・リースマン(アメリカ)	1909–2002
マーシャル・マクルーハン(カナダ)	1911–1980
ハロルド・ガーフィンケル(アメリカ)	1917–2011
作田啓一(日本)	1922–2016
アーヴィング・ゴッフマン(アメリカ)	1922–1982
ミシェル・フーコー(フランス)	1926–1984
イヴァン・イリッチ(オーストリア)	1926–2002
トーマス・ルックマン(ドイツ)	1927–2016
中山茂(日本)	1928–2014
ピーター・バーガー(オーストリア→アメリカ)	1929–2017
ユルゲン・ハーバーマス(ドイツ)	1929~
ジャン・ボードリヤール(フランス)	1929–2007
ピエール・ブルデュー(フランス)	1930–2002
ベネディクト・アンダーソン(アメリカ)	1936–2015
アンソニー・ギデンズ(イギリス)	1938~
アーリー・ホックシールド(アメリカ)	1940~
ランドル・コリンズ(アメリカ)	1941~
ロバート・パットナム(アメリカ)	1941~
ウルリヒ・ベック(ドイツ)	1944–2015
ポール・ウィリス(イギリス)	1945~
上野千鶴子(日本)	1948~
ロイック・ヴァカン(アメリカ)	1960~

(2022年5月時点)

Ⅰ　社会学は面白い…？

1　ピーター・バーガー『社会学への招待』（原著刊行年　一九六三）
――人生は一場の戯れにしても

P・L・バーガー（一九二九―二〇一七）オーストリア出身の米国の社会学者。『社会学への招待』は達人社会学者による入門書の白眉。

†達人社会学者が楽しんで書いた入門書

わたしは一九四二年生まれで地方育ちだったから、はじめてハンバーグを食したのは、高校時代、田舎の大衆食堂で、だった。肉はもとより調味料の質と配合加減もわるかったのだろう、不味《まず》いことこのうえなかった。三分の一でギブアップしてしまった。以後、ハンバーグとは不味いものとおもってしまった。このハンバーグ問題は、学問の入門書についてもいえる。

最初に拙《まず》い（不味い）入門書にあたってしまうと、以後、興味がもてない学問になってしまう。「入門」どころか嫌悪と拒否のきっかけになってしまう。だから社会学にかぎらず、それぞれの学問の感触を得るにはよい入門書にであうことがなによりも大切である。

本屋の社会学コーナーにいけば、入門書はあふれている。しかし、おおくの入門書は、不味くはないにしても、舌鼓をうつものはすくない。わたしも、学生時代、いくつかの社会学入門書を読み、大学教師になってからは教養課程の社会学を教えるときの教科書につかった。しかし、この種の入門書で、社会学はおもしろいとなったかというと、はなはだ疑問だった。特に日本人が書いた社会学入門書は、単独執筆ではなく、大勢で書かれていることから、各章ごとに文体もちがい、アプローチもちがう。素人がつくったカクテルを飲んだときのように、頭がくらくらしたりもした。

そんなとき、ある友人から、ペリカンブックスの本書(原書)を、「こんな面白い入門書はない」と紹介された。わずか二〇〇ページ余の小著(原書)であるが、一気に読んだ。よくある入門書のように階級や家族などの具体的問題を挙げた章立てにはなっていないが、そこにこそ本書の妙味がある。社会学とはどのようなアプローチをするのか、社会学的洞察をすることにどのような意味があるのか、ユーモアとエスプリの利いた達意の文体がよい。達人社会学者が楽しんで書いた入門書である。

†ものごとはみかけどおりではない

著者はこういう。「社会学者とは、アカデミックな肩書きがなければ、ゴシップに熱中してしまうに違いない人物であり、鍵穴をのぞき、他人の手紙を読み、引き出しをあけようと心をそそられてしまう人物にすぎない」。過激な表現であるが、社会学的好奇心の在り処を端的に表現している。

社会学的好奇心はうわさ好き、ゴシップ好きと同じであるといっているのである。といってもシャーデンフロイデ（他人の不幸は蜜の味）を動機としたゴシップ・うわさ好みのことをいっているわけではない。公式的見解や表明の背後にある構造が見通され、「ものごとはみかけどおりではない」として現実感が一変する知的興奮である、という。社会学は遠い国の奇妙な習俗を発見する文化人類学のような、まったく見知らぬものに出会う時の興奮ではない。

> 社会学者が多くの時間を活動して過ごすのは、自分にとっても社会の大部分の人々にとっても見なれたものであるような経験の世界である。（中略）それはまったく見知らぬものに出会う時の興奮ではなく、見慣れたものの意味が変容するのを知る時の

興奮である。社会学の魅力は、今までの人生を通じて生き続けてきた世界を、社会学の視界《パースペクティブ》によって新しい光の下で見直すことを可能にしてくれることにある。これが同時に意識を変容させるのである。この変容は、他の多くの学問分野で経験するものよりも、人間の存在にとって持つ意義が大きい。というのは、社会学による意識の変容がそれをこうむった個人の精神全体に及ばない、という事はほとんどありえないからである。

だから、社会とは日曜学校で教えられるとおりのものであるとおもう人やそうおもいたい人、自分のやっていることを懐疑したくない人には社会学は不愉快であろうし、離れたほうがよいことになる。冗談やギャグは不謹慎だとするような人々には社会学は不向きであろう。

そういえば、昔、大学院生のころPTAの理念を修士論文で書こうとしていた学生がいた。ゼミ発表がおわると、わたしの尊敬していた姫岡勤先生（「18　姫岡勤『家族社会学論集』——義理と人情の相克」を参照。以下では本書における名著の番号のみで示す）は、こんなコメントをした。「PTAで活動している人々は理念で行動しているのかね。実際のメカニズムを研究しなければ……」。先生は、理念、つまり公式的見解それ自体の研究を否定していたわけではないが、それだけでは社会学的研究ではないということをやんわり指摘したのである。社会構造の公式的解釈というファサード（建物の正面）の背後にある現実の構造を見通すことが社会学だといったのである。

本書にもどって社会学的パースペクティヴの例をみよう。たとえば、恋愛結婚（愛しあっての結婚）。愛はいつでもどこでも燃え上がり、抗うことができない感情だとされている。しかし、そういう公式的見解というファサードを取り去って、実際の結婚を調べてみれば、恋愛結婚は階級や所得、学歴、人種的・宗教的背景などの回路の中でおこなわれている。結婚式で司会者が熱烈な恋愛結婚という紹介をしても、大概のところは階級や学歴の似たもの同士なのである。「キューピッドの矢が一瞬のうちに放つ矢は、（中略）非常にはっきりとした回路の中を飛んでいく」。

そもそも好きになったら結婚したいとおもってしまうこと自体、われわれがいかに社会に刻印されている存在であるかを示している。制度（結婚）がわれわれの感情に組み込まれてしまっているからである。

通常、社会と個人は拘束（社会）と自由（個人）で二項対立化させられる。そして、社会は、罰則や賞賛などのサンクション（制裁）によって個人を社会秩序にむかわせるとされる。これが社会統制のメカニズムである。社会はわれわれの外にあり、われわれを幽閉するが、結婚という制度がわれわれの感情のなかに食い込んでいるようにわが内にも社会はある。良心とは社会の内面化なのである。われわれは社会の囚われの身であると同時に、われわれがいつも社会をつくっている。その意味でまさしく、社会は、わたしたちの皮膚の表面で止まっているというわけではないのである。

社会学は「ものごとはみかけどおりではない」とするから、現実の暴露、体裁の剝ぎ取り、相対化をなす。であるからして、社会学を学んだ者は、保守的運動にとっても革命運動にとってもやっかいな輩である。「前者（保守的運動—引用者）の場合には現状維持のイデオロギーをすぐ真にうけて信じこむということができないからであり、後者（革命運動—引用者）の場合には革命家たちがつねに自分たちのエネルギー源としているユートピア的神話に懐疑的であるからである」。

†人生本来戯れと知りながら

というと、社会学は冷笑家をつくるだけの陰鬱な学問という不満と危惧がでるだろう。社会学毒薬論となる。しかし、著者は社会学的理解は、人間の営みを「社会的カーニバル」と見る喜劇の感覚」であり、そうした感覚が生きるうえでの気つけ薬になることの効用を強調する。福沢諭吉の「人生本来戯《たわむ》れと知りながら、この一場の戯れを戯れとしないでまじめに勤めていくことが大切である」(『福翁百話』)とも通底する境地である。バーガーはこういうのである。

(社会学を学ぶことによって—引用者)ほんのわずかかもしれないが、偏見から脱却し、自分自身の行なう社会的関与に、より注意深くなり、さらには他人の社会的関与に対して、より懐疑的になることだろう。そして、もしかしたら、社会を旅するうちに他人への共感がほんのわずかでも深まるかもしれない。

ここで、著者が「ほんのわずか」とか「かもしれない」といっているところがいかにも社会学者らしい。絶対と断定ほど社会学から遠いものはないからである。

本書のいう社会学的視点(現実の暴露・体裁の剝ぎ取り・相対化)は近代社会に生きる人々の意識でもある。しかし、そうした意識はそのままでは、単なる冷笑家の道になりかねない。その意味では毒薬である。しかし、著者は、社会学を学ぶことによってそういう「原」社会学意識を洗練させることが毒薬をして気つけ薬に転化させることになるのだという。社会学には目もくらむ効用はないかもしれないが、ちょっとした苦痛がやわらげられ、人生をすこしばかり明るくすることができる(とおもいたい)。

Peter L. Berger, *Invitation to Sociology: A Humanistic Perspective*, 1963
（邦訳：水野節夫・村山研一訳、ちくま学芸文庫、二〇一七）

2 ランドル・コリンズ『脱常識の社会学』（原著刊行年 一九八二）
――社会学という透視術

コリンズ（一九四一―）米国の社会学者。『脱常識の社会学』は、社会学が発掘した核心命題の明晰な解説。

†明快であること、そして当たり前でないこと

訳者の井上俊（大阪大学名誉教授）さんと磯部卓三（大阪市立大学名誉教授）さんは、わたしが大学院生のころ、それぞれ京都大学の文学部社会学教室と教育学部教育社会学教室の助手を務めていた。院生といっても教授や助教授は雲の上のような存在。こちらから話しかけたりはできにくかった。気軽になんでも聞けて話せるという意味では、すこし歳上のすぐれた先輩がよい。学問の人的媒体となる。しかし、そうした出会いは偶然である。幸運だったとおもう。

磯部さんは同じ教室の助手だったから、そうした意味の先輩研究者だった。井上さんは、磯部さんと一緒に海外文献研究会を開いており、わたしも参加させていただいた。参加者は自分が選んだ海外の学術論文を紹介し、そのあと全員で論文をめぐって議論する気のおけない集まりだった。このとき井上俊さんから学んだことは、おもしろいかどうかという鑑識眼だった。井上さんは、どこかで、こんなことも書いている。おもしろいが、よい論文とはいえないという場合はあっても、おもしろくないが、よい論文というのはありえるのだろうか……と。

問題は、なぜおもしろいかということである。1で紹介したバーガーなら、「見慣れたものの意味が変容するのを知る時の興奮」ということになるが、本書は、おもしろいということを「なぜ物事がある一定の仕方で起こり、別の仕方では起こらないのかを理解すること」によって、世界についての知識を広げてゆく「楽しい営み」といっている。

ところが、社会学のふつうの教科書は、総花的で「陳腐な例や型どおりのわかりきった説明でもって、重要な問いをおおいかくしてしまう」。これを社会学教科書の「悪癖」とさえいっている。どんな学問も次の二つのことをめざさなければならない。「明快であること、そして当たり前でないこと」である。そこで、本書は焦点をしぼって社会学の「すぐれた」「面白い部分」をつたえたいという趣旨で書かれたものである。

コリンズは、開口一番こう問題を投げかける。人間は、論理的・合理的・理性的であるし、よりそうであろうとしている。そのために物理学があり、経済学があり、心理学がある。だから「合理的（論理的・理性的）ではない」は貶《けな》し言葉である。しかし、こうした合理性を行為や社会の存立基盤とする説明は神話であるとしたのが社会学の並々ならぬ功績だという。合理性は限られたものであり、一定の条件の下においてのみ生じるだけでなく、社会そのものの存立基盤が、究極的には論理的思考や合理的協約ではなく、非合理的な基盤にある。そのことを明らかにしたのが社会学であり、そうした視点から社会をみなおしていくことが「誰の目にも明らかな当たり前のものではないこと」を知る社会学的透視のおもしろさだ、というのである。

†合理性の非合理的基礎

一見すると合理的計算にもとづいているとおもわれることも、すこし考えてみれば、そうとはいえない。たとえば節約である。節約するなら車や家などの大きな買い物のときすべきであろう。ところが大抵はそんな買い物のときよりもスーパーマーケットで缶詰を買うときのほうが値段の一セント、二セント程度の差を仔細に調べて節約を実行する。そうなってしまうのはなぜか。大きな買い物はときたまであり、小さな買い物はほぼ毎日している。だから、ときたまの高価なものの買い物の場合よりも、小さな買い物のとき節約に気を配るほうが「上手な買い物をしている」と感じる機会がはるかに多くなるからである。計算することはよいことだという「象徴的」計算である。ここにも合理的行為とみられる背後に実は「計算」ではなく、非合理的「感情」があることがわかる。

こうした逸話を糸口に、合理的現象の背後に非合理的感情が控え、非合理的感情こそが表層としての合理的現象をささえていることについて、社会を成り立たせている契約をめぐってつぎのように切開していく。

人々が社会をつくるのは、ばらばらに生活しているよりも得るものが大きいからだという合理的選択論は、納得しやすい説明である。ホッブズの社会契約説のように。しかし、純粋に合理的に考えれば、契約を守らないほうが得をする。①相手が正直に行動すれば、欺いたほうが得をする。②相手も欺いたとすれば、自分も欺くのだから結局損得なしである。では双方が約束を守った場合はどうだろうか。たしかに得られるものは多い。しかし、①の場合ほど利益は大きくない。したがって、自己利益だけを考えるなら欺くほうが合理的戦略ということになる。しかし、現実には社会もあれば、契約もある。どう説明したらよいのだろうか。

論はこうすすめられる。契約（第一の契約と呼ぼう）には第二の隠れた契約つまり双方が契約を守るという暗黙の契約が必要である。しかし、この第二の契約もまた契約であるから、合理性だけでは守られない。他人が第二の契約を守ることを信じるという確信によって隠れた契約が守られ、そのことにより第一の契約が守られる。第一の契約の背後にある第二の契約への確信がデュルケームのいう「前契約的連帯」である。（第一の）契約が守られるためには、合理性をこえた信頼感情によるしかない。とすれば、社会をまとめているのは「計算ではなく、まさにこの種の深い感情」であることになる。

こういうと、人々が契約を守るのは裁判所や警察による制裁が控えているからだというかもしれない。だとすれば、裁判所や警察の背後にある国家によるものである。国家がなくなれば、裁判所も警察も機能しなくなる。なるほど国家の強制力は契約を履行させる大きな力にみえる。しかし、ここでも純粋に合理的に考えれば国家も他の組織とおなじようにばらばらになる。

国家のような組織をつくることがいかにして可能だったのか。国家の強制力はたしかに個人に対して恐るべき力を行使しうる。しかしそれが強力であるのは、国家が存在するかぎりにおいて、つまり命令を守るという契約が国家を形成する人びとの間で成り立っているかぎりにおいてである。ここでも、歴史的および今日的現実が、このことを自明視することはほとんどできないということを示している。国家や軍隊は、それらを構成する人びとが自分たちを集団の一員と考えることをやめ、それぞれの自己利益のみを考えるとき、ばらばらになってしまう。兵士があわてふためいて全面撤退しようとするのは、軍隊が「みんなわが身第一」と考えるときである。国家に属する誰もがこのように考えるとき、国家は革命に瀕する。

自己利益の合理的計算だけでは人々の国家への忠誠は説明できない。国家が正当で強力だという非合理的信念こそが国家という独自の実在をつくりだす。合理性だけでは行為の説明はできない。だからこそ社会や集団にはこの種の非合理な感情をつくり、維持していくためにさまざまな社会的儀礼が張りめぐらされている。打算と計算だけの人があまり出世しないのは、集団をまとめているこうした非合理的な感情を斟酌しないからである。

社会や集団にはこうした深い非合理的感情が付着しているが、神はそうした（われわれの深い感情が付着した）社会の象徴である。神が社会をつくるのではなく、社会へのわれわれの感情投与の反映が神なのである。犯罪もこうした観点からとらえられる。犯罪処罰は犯罪を抑止することよりも、怒りなどの感情共同体を構築することで社会的連帯感情を喚起させる儀礼として大きな意味がある。

†アフォリズムの宝庫

合理性の非合理的基礎という本書のアイデアの大部分はデュルケーム（3）に、儀礼論はデュルケームとゴッフマン（19）によっている。そうではあるが、いずれもコリンズが自家薬籠中《じかやくろうちゅう》の物にして書いているだけに、初学者にわかりやすい。本文にでてくる例示はさながらアフォリズムのようでさえある。たとえば、こんなふうである。「自動車修理工と医者とでは、それぞれの分野で具合の悪いところを直すという点に関しては修理工の方がはるかに頼りになる。だがまさにそのために、修理工の技術は高く評価されない」。目利きのご両人（訳者）の選んだ本は、やはり、おもしろい。

Randall Collins, *Sociological Insight: An Introduction to Nonobvious Sociology*, 1982
（邦訳：井上俊・磯部卓三訳、岩波書店、一九九二）

3　エミール・デュルケーム『自殺論』（原著刊行年　一八九七）
――社会の発見あるいは社会学の発見

デュルケーム（一八五八―一九一七）仏の社会学者。『自殺論』は社会的なるものの在り処と作用を鮮やかに証示。

†社会的事実の発見

本書が刊行されたのは一八九七（明治三〇）年。日本でも東京帝国大学には社会学講座が設置（一八九三年）されていた。民谷吉次郎『社会学』や加藤弘之『社会学一斑』のような「社会学」という題名をもつ本が刊行されていた。しかし世間では、社会学という学問の認識はほとんどなかった。

ある学者が洋書販売店「丸善」をつうじてアメリカの社会学者レスター・ウオードの『ダイナミック・ソシオロジー』（動態社会学）を購入しようとした。当時は、輸入洋書は許可制なので当局に伺いを立てたのである。答えは、「ダイナマイトの社会主義。そんなものはとんでもない」だった。社会主義アレルギーがあったから、社会と聞けば、社会主義を連想したにしても、そんな混同がおこるほど社会学の学問としての存在感は薄かった。

社会学という言葉の発祥の地であるフランスでは多少事情は異なっていて、社会学はしだいに流行の学問になりつつあったが、心理学どころか天文学さえも含む総合社会学で、百科事典的社会学のイメージが繁殖するばかりだった。デュルケームは本書の冒頭（序文）で、こういう。社会学は「ありとあらゆる問題に手をひろげ、絢爛たる一般論を展開し、なにひとつ問題をはっきり限定して扱おうとしない」。デュルケームはフランスの大学で最初に社会学講座を担当した。それだけに社会学の対象である社会的なるものの在り処とその作用の仕組みを摘出して証示することに大格闘した。

大格闘だったのは社会を構成しているのは個人であり、個人こそもっとも目に見える存在だから、社会現象の原因は個人にあるという論理の筋道ほど俗耳に入りやすいものはないからである。社会が個人の意思や欲望だけで説明できるものであれば、そもそも社会は存在しないことになる。社会が存在しないのであれば、社会学の必要はない。

では、社会学固有の対象である「社会的なもの」とはなにか。それは、デュルケームが本書に先立つ二年前に刊行した『社会学的方法の規準』（岩波文庫）で析出されている「社会的事実」にもとめられる。社会的事実は、個人にとって外在的であり拘束的な行為・思考・感覚のプログラムである。鉛《なまり》と錫《すず》という柔らかい物体が合金となると一転して、一番硬い青銅となるように、個人意識の総和によっては説明不可能であり、固有の（*sui generis*）実在であり、特別な法則にしたがい、ひるがえって個人を規定するものが社会的事実である。

†規則性をもっている自殺率

本書はそうした社会的なるものの力とその作用を具体的個別的なテーマのなかで実証している。選ばれたテーマは、自殺。自殺は自らの命を自らの意思で絶つ、純粋に個人的な行為におもわれている。だから、自殺はそれぞれの個人的事情に規定されたものであり、その意味で典型的な心理学問題であるともおもわれている。

デュルケームはこの典型的な心理学的問題というハンディをあえて選び、技（社会の在り処と作用力の証明）を披露する。本書のサブタイトルは「社会学的研究」である。さらに題材がまことに時宜を得ている。原書が刊行されたのは世紀末。ヨーロッパには煩悶と憂鬱による自殺が増加し、自殺は文明の病の象徴とされていた。うってつけのテーマである。

さきほどふれたように、自殺は純粋個人現象にみえる。しかし、自殺率の統計を仔細にみていくと、おどろくほどの規則性がある。時系列でみると、平時では自殺率は大きくかわらない。かわるのは、国民的大戦などの非常時である（自殺率の低下）。また集団やカテゴリーでみると、そこにも規則性がある。ユダヤ教徒とカトリック教徒、プロテスタントとでは、この順番であとのほうほど自殺率が高い。年齢の影響を除去すると、既婚者は未婚者より自殺率が低く、既婚者では、子どもがいるほうが、子どもがいない既婚者より自殺率が低い。このような統計的相関が示すのは、集団やカテゴリーによる自殺の傾向それ自体が独自の社会的事実であるということである。

では、なにがこのような自殺率の差異を生んでいるのか。ユダヤ教徒とカトリック教徒、プロテスタントの自殺率の相違は、自殺を罪とする教義の厳しさの違いによるものではない。ユダヤ教は公には自殺を禁じてはいない。プロテスタントの教義はもっとも強く自殺を罪としている。であるからして、宗教による自殺率の違いは教義によるものではない。ないどころか教義における自殺をめぐるタブーの度合いと自殺率は反比例さえしている。

デュルケームは、宗教は信仰と儀礼を強制する集団であるから、その集合状態に着目すべきだという。その凝集性が強いほど、宗教的共同体は厳密に統合されていて、自殺を抑止する力が強いということになる。ユダヤ教やカトリックは教会を中心にした信徒の生活を厳密に規定しているのに対し、プロテスタントは、各人が聖書を読み、自ら信仰について考えていかなければならないから、信徒間の結びつきはもっとも弱い。ユダヤ教徒がカトリックよりも自殺率が低いのは、ユダヤ教徒は排斥の的となったから自らの教会でより強く結合しなければならなかったことによる。

このようにみてくると、未婚者、既婚者、子どものいない夫婦、子どものいる夫婦のあいだの自殺率の違いも解けてくる。個人の所属する集団の統合力によるからである。また国民的戦争の時代に自殺率が下がるのも、集合的感情が生気をおび、祖国愛が鼓吹され、強い社会的統合が実現されるからである。

ここまでにふれた自殺は個人が集団に統合されていないことによるものだから、「自己本位的自殺」と類型化される。では、殉死《じゅんし》のような自殺はどうなのか……。個人が集団に統合されているではないか、という反論がでるだろう。この種の自殺は個人が社会に統合されていない自己本位的自殺の逆で、社会が個人に重くのしかかり、自殺は権利ではなく義務のように個人に迫ってくることによる。だから殉死は「集団本位的自殺」とされる。

この二つの自殺の社会的類型はいずれも個人と社会の結びつき（弱すぎる場合と強すぎる場合）によるものだが、第三の自殺の類型は、社会が個人の欲望を規制できなくなったことによる苦悩を原因とするものである。「アノミー的自殺」である。アノミーとはもとはギリシャ語で法の不在をいう。不況時に自殺が増えるが、統計をみれば、それに劣らず経済的好況時にも自殺が増える。欲望の歯止めがなくなり、欲望が無限に肥大することによる感性の苛立ちによるものである。この種の自殺をアノミー(無規範)的自殺というのは、個人を超えた集合的権威による欲望の規制が作動しなくなっているからである。

†アノミーという近代の病

デュルケームによって構築されたアノミー概念は、自殺論をこえて、欲望をひたすら煽り立てる近代社会の病として重要な論点を提供している。それはつぎのようなものだ。

階級の上下をとわず、欲望が刺激されているが、それは最後的に落ち着くべきところを知らない。欲望の目ざしている目標は、およそ到達しうるすべての目標のはるか彼方にあるので、なにをもってしても、欲望を和らげることはできないであろう。その熱っぽい想像力が可能であろうと予想しているものにくらべれば、現実に存在するものなどは色あせてみえるのだ。こうして、人は現実から離脱するのであるが、さて、その可能なものが現実化されると、こんどはそれからも離脱してしまう。人は、目新しいもの、未知の快楽、未知の感覚をひたすら追い求めるが、それらをひとたび味わえば、快さも、たちどころにして失《う》せてしまう。そうなると、少々の逆境に突然おそわれても、それに耐えることができない。

近代社会における欲望の病は、欲望を充足できない焦慮ではない。充足したとおもった瞬間、欲望はさらに彼方に遠退く。欲望が逃げ水のように無限に進行する病である。あといくら給料があがったら満足しますか、と問われて三割ほどという人が、初期の願望が実現すれば、またあと三割増を、とくりかえすのである。アノミー的人間の極北は「ぼくは病んだ人間だ……ぼくは意地の悪い人間だ」ではじまり、「私が何か別のものを渇望しているが、しかもそれをどうしても発見できないことを、私は二二が四というほど明白に知っている」と告白する『地下室の手記』(ドストエフスキー)の男の焦慮と悲哀である。

自殺は自殺者の個人的気質の結果のようにみえるが、そうではなく、当人の属している社会集団の「道徳的構造」によるものである。それぞれの社会集団には「人びとを自殺へ駆りたてる、一定の効果をもったある集合的な力が存在」しており、自殺はそうした「社会状態の結果であり、またその延長であって、当の社会的状態を外部的に表現している」。純粋な個人行為とみられる自殺は「集合的傾向から派生する」と結論づけられる。

デュルケームは、コントやスペンサーを代表とする社会学者が「ありとあらゆる問題」に手をひろげる百科事典的な総合社会学であることに大いなる不満をもっていたことを冒頭で引用したが、本書によって社会学が独自の対象をもち、政治学や経済学などとならぶ社会科学であることを証明した。それだけではない。返す刀で、あらゆる社会現象を社会的事実の視点から読み直すことができるとした。宗教社会学や経済社会学、政治社会学、教育社会学などの領野を開いたのである。遅れてきた、最後の社会科学としての社会学は、デュルケームによって、学問としての陣地獲得どころか、学問群の改編、さらには社会学主義という社会学帝国主義の道が開かれたのである。

Émile Durkheim, *Le suicide: étude de sociologie*, 1897

（邦訳：宮島喬訳、中公文庫、一九八五）

4 ゲオルク・ジンメル『社会学』(原著刊行年 一九〇八)
——社会の幾何学

ジンメル(一八五八—一九一八)独の哲学者・社会学者。『社会学』は、抽象的な形式社会学の豊かな可能性を開く。

†そんな学問はありえない

一九世紀末から二〇世紀はじめのヨーロッパには、社会学の古典がいくつも生まれた。3でみたデュルケーム(フランス)もその一人である。デュルケームより三歳上にテンニース(ドイツ)、六歳下にウェーバー(ドイツ)が、一〇歳上にヴィルフレード・パレート(イタリア)がいる。本書の著者ジンメル(ドイツ)はデュルケームと同年の一八五八年生まれである。

ジンメルもデュルケームと同じように、社会学の存在意義を証示しなければならなかった。というのは、ジンメルが社会学を大学のカリキュラムに入れようとしたところ、いまさらあつかう対象が残っているとはおもえないから、そんな学問はありえないはずだといわれたからである。

ジンメルも百科事典のような総合社会学に強い不満をもっていた。歴史学、心理学、政治学などを「一つの大きな壺」に投げ込んで、ごたまぜにして「社会学」という共通の名称を貼ったところで、益するところはなにもないとした。人間の生の内容はすべて既存の諸学によって対象にされているのだから、社会学は対象領域を落穂拾いのようにみつけることではなく、対象の領域を可能にする新しい概念を発見することによって独自性をもたなければならないとした。科学の誕生には自らの存在を可能にする概念の発見が必要なのである。

デュルケームは個人に還元されない「集合意識」や「制度」などの社会的事実という概念を発見することで社会学の領域を確立した（3参照）が、ジンメルは、「社会化の形式」という独自の概念を発見することで社会学のあらたな領域をつくり、確立しようとした。

†内容と形式

では社会化の形式とはなにか。社会化とは人々が関係しあって、まとまりがある状態のことである。社会化は個人間の相互作用によって存立する。相互作用は物質的利益や宗教的衝動などさまざまな関心や目的によって営まれる。会社や政党、芸術の流派、学校などそれぞれの集団におこる相互作用の「内容」は異なった動機や目的によって成り立っている。そのかぎり、相互作用の内容は集団によってそれぞれに異なっている。しかし、相互作用の「形式」に着目すれば、支配・服従や競争・党派形成などは、いかなる集団にも共通にみつけることができる。ジンメルは社会化の「形式」と「内容」の区別と、そう区別することの意義についてつぎのようにいう。

こうして歴史的・社会的な現象を形式と内容とにしたがって分析し、そして形式をひとつの総合にもたらすことの正当性は、たんに事実からのみ検証することのできる二つの条件にもとづいている。一方においては社会化の同じ形式がまったく異なる内容において、まったく異なる目的のためにあらわれるということ、ところが他方ではその逆に内容では同じ関心がその担い手あるいは現実化の様式としては、社会化のまったく異なる形式を身にまとうということ、これら二つのことが見いだされるにちがいない。——これはちょうど、同じ幾何学的な形式がきわめて異なる質料においても見いだされ、また同じ質料がきわめて異なる空間形式においてあらわれるのと同じで(ある。)

社会化の同じ形式がまったく異なる内容においてあらわれるとは、たとえば党派形成が国家にも宗教団体にも徒党集団にもあらわれるということである。内容では同じ関心が雑多な形式をとるというのは、教育的関心によって構成される学校集団が、専制主義的、自由主義的、個人主義的などのさまざまな社会化の形式に開かれているということである。幾何学が物質的内容を捨象して物体の空間の形式だけを研究したり、文法が言語の内容を捨象して言語の形式だけを研究するのと同じように、相互作用(社会化)の形式だけをとりだして研究し、その固有の法則を抽出しなければならないとした。

というのは、人々の動機・関心・目的は共存や互助の社会化の形式をつうじてはじめて社会化の内容(経済・政治・教育など)になる。だから社会化の形式こそが社会である、とジンメルはいう。社会学が自律した科学たろうとするならば、社会的生の内容を社会的にしている形式を対象にしなければならない。社会学は単なる対象ではなく、対象への明確な問題の立て方(社会化の形式)に存立意義をもつのである。

したがって、本書は、通常の社会学書のように、家族や学校、国家などの具体的集団を正面からはあつかっていない。「上位と下位」(第三章)、「闘争」(第四章)、「秘密と秘密結社」(第五章)、「社会圏の交差」(第六章)など、すべては社会化の形式にかかわるものである。秘密や秘密結社の章も秘密の内容や結社の目的については立ち入ってはいない。ひたすらその形式をあつかっている。

社会化の形式は、内容を括弧にくくった形式であるから、抽象的であるが、もっとも抽象的な社会化の形式、つまり内容とは遠い社会化の形式は、集団の成員数である。この点についてジンメルは、本書の第二章（「集団の量的規定」）で展開している。ジンメルの形式社会学の特徴が端的に示されている。

諸個人の統一化と相互の影響といった共存生活は一連の形式をもち、これらの形式にとっては、そのように社会化された諸個人のたんなる数が重要性をもつため、この一連の形式は、さしあたってはまず数のもつ重要性にもとづいて検討されるべきである。

集団の成員数という、内容からもっとも遠い数量（形式）が集団の内容と深い関係にあるとされる。その例として原始的なキリスト教集団があげられる。原始的なキリスト教集団は成員数が少なく、その周囲をとりまく大集団と異なっていればこそ、大集団との対比で自らの特殊性を保持できる。しかし、集団の規模が大きくなればなるほど、必需品などの生活要件を周囲の大集団にあおぐことができなくなり、内部で生産しなければならなくなる。周囲の大集団と相同の活動を含むぶん、規模が小さいときのような社会化の内容を維持できなくなる。かくて、キリスト教が国家的規模にひろがったときに、原始的なキリスト教集団とは異なって、他の大集団の内容に近接していった。集団の成員数という形式による集団の内容の変質は労働組合が少数（による）組合であるときと、大きな組合になるときに、誓約集団から単なる圧力集団のひとつのように変化することを想起すればよいだろう。

さらに、当該集団を取り巻く大集団の規模が一定で当該集団の成員数が多くなったり少なくなったりの相対比によって、当該集団の社会化の内容が変化するが、大集団と当該集団との相対比が同じであっても、規模の変化によって当該集団の社会化の内容は変化する。二〇人の少数派政党において、反党的議員が四人いるとする。他方で五〇人の多数政党に反党的議員が一〇人いるとする。それぞれの割合は二割で同じである。しかし、後者の場合は、多数政党だけに反党分子の意味は、前者の少数政党の場合とくらべて格段に大きくなる。

こうして、一人関係、二人関係、三人関係に論がすすめられ、成員がひとりふえるという抽象的な社会化の形式の変化がいかに大きな内容の変化をもたらすかが論じられている。

三人関係では、二人関係ではみられない個人をこえた集団があらわれ、「漁夫の利」や「分割支配」も生じてくる。「漁夫の利」や「分割支配」は個人関係だけでなく、軍事同盟などのように集団と集団の間にもみられることから形式社会学の意義が確認される。

†トークニズム

ジンメルの、量による集団の被規定性のアイデアはアメリカの社会学者にアイデアを与えて継承されているが、わたしのみるところ、もっともダイナミックなジンメルのアイデアの継承は、ライト・ミルズ賞などを受賞したロザベス・モス・カンター『企業のなかの男と女』(生産性出版)で展開されている「トークニズム」論である。トークニズムとは少数派(トークン　目につきやすいもの)であることから様々な圧力を受け、不安や緊張から特定の態度や行為をとるようになることをいう。

集団の人数だけでなく、男と女や白人と黒人など異なるカテゴリーの人間がひとつの集団で多数派と少数派になることで、どのようなことが生じるかを分析した研究である。多数派の男性管理職については、男性という属性ではなく、個々の行動や人格でみられるのに、少数派の女性管理職は、注視率があがり、個人ではなく、紋切り型女性像のまなざしをそそがれる。だから、アファーマティブ・アクション(被差別集団への優遇政策)も少数の採用にとどまっているかぎり、差別撤廃にはなりにくい、とカンターはいう。ジンメルにアイデアを得ながらも、集団の成員数ではなく、男と女や白人と黒人など、集団に占めるカテゴリーが、均質か偏りがあるかによる割合に着目したものである。

ジンメルの形式社会学は、内容を捨象しているゆえに、「死んだ科学《デッド・サイエンス》」というように批判されてきたが、こうした批判の多くは旧派知識人の内容（中身）本位主義に毒されている。「本質主義」（差異は遺伝子や本能などの内的な要因の産物）に対する「構築主義」（差異は人々の認識や行動によって社会的・文化的・歴史的に構成される）、「内在的アプローチ」（テクスト分析）に対する「外在的アプローチ」（テクストの書かれた時代の作品世界の布置からのアプローチ）がありうるとおなじように、「（社会化の）内容」に対する「（社会化の）形式」からのアプローチが可能であるし、さきほどふれたカンターの「トークニズム」論がそうであるように、その可能性は豊かである。

Georg Simmel, *Soziologie. Untersuchungen über die Formen der Vergesellschaftung*, 1908
（邦訳〔上、下〕：居安正訳、白水社、一九九四）

Ⅱ　近代への道筋

5 カール・マルクス／フリードリッヒ・エンゲルス『共産党宣言』（原著刊行年 一八四八）
――闘争モデルの原型

マルクス（一八一八―八三）、エンゲルス（一八二〇―九五）ともに独の共産主義思想家。『共産党宣言』は「共産主義者同盟」の綱領だが、すぐれた社会科学入門書でもある。

†社会主義という希望

一九五〇年代、高度成長の前夜のころ。わたしは佐渡島の両津（現在は佐渡市両津）という漁師のおおい町の中学生だった。近所に住む三人の子供をかかえた中年女性がよくわが家に米を、それも一升、二升の単位で借りに来ていた。夫の漁師を海難事故でなくしたからである。

といってもも彼女はお情けにすがって生きていたわけではない。借りたものはおくればせであっても必ず返す律儀な人だった。一番下の赤ん坊を背負いながら、日雇いの肉体労働にも励んでいた。しかし、食べ盛りの男の子が三人もいれば、彼女の働きだけではどうにもならなかったのである。一方では、わが家の近所にあった旅館兼料亭からは、毎晩のように嬌声が聞こえた。漁業会社の大株主たちの連日の宴会である。中学生でも世の中まちがっているとおもってしまう時代だった。「社会主義」や「共産主義」という言葉はなんと輝いていただろうか。

そんな時代だったから、高校生のとき本書を聖典のように読んだ。わたしにかぎらず全共闘世代までのかなりの大学生が、そして一部の高校生が一度は読んだ本である。「搾取」も「階級」も理論以前に生活実感をともなった言葉だったからである。

†歴史は階級闘争史

本書は、「共産主義者同盟」の綱領としてマルクスとエンゲルスによって起草されたものであるが、実質的にはマルクスの手になる文書である。綱領だけに、第一章は、「今日までのあらゆる社会の歴史は、階級闘争の歴史である」という歯切れのよい文からはじまる。貴族と平民、領主と農奴がそうであるように、圧制する者と圧制される者が対立して闘争をおこなってきたのがこれまでの歴史であるとする。

階級闘争の歴史のなかでも、封建社会を没落においやり、資本主義社会を打ち立てたブルジョア（資本家）階級の革命が高く評価される。封建的、家父長制的、牧歌的な社会関係をのこらず破壊し、百年にも満たないブルジョア階級支配の間に、機械装置、化学の応用、汽船航海、鉄道、電信、全大陸の耕地化、河川の運河化など、過去のすべての世代を合算したよりも大規模な生産諸力をつくりだしたからである。人間の活動がどれだけのことをやれるのかの可能性をはじめて証明したのが、ブルジョアであった。しかし、ブルジョア革命による生産力の増大は、その一方で、人間の品位を「交換価値」のなかに解消させ、人間と人間の関係を、赤裸々な利害だけの、つめたい「現金勘定」にさせてしまった。

こうした資本主義社会はつぎのようにして出現した。生産力が高まると、生産力は封建社会の生産関係（生産過程・流通過程・分配過程における人間関係）と不適合をおこす。かくてブルジョア階級によって封建社会の社会関係が粉砕され、かれらの経済支配と政治支配があらわれたのである。ところがいまやブルジョア階級はその巨大な生産力の発展の結果、生産力を制御できなくなっている。ブルジョア的諸関係は、つくりだした富に比べて狭すぎるようになったからである。封建社会における生産力と生産関係の矛盾とおなじことがいま進行しつつあるのだ。

ブルジョア的生産ならびに交通諸関係、ブルジョア的所有諸関係、かくも巨大な生産手段や交通手段を魔法で呼び出した近代ブルジョア社会は、自分が呼び出した地下の悪魔をもう使いこなせなくなった魔法使に似ている。(中略)社会が自由にすることのできる生産諸力は、もはやブルジョア的文明およびブルジョア的所有関係の促進には役立たないのだ。反対に、生産諸力はこの関係にとって強大になりすぎ、生産諸力がこの関係によって歯止めをかけられるのだ。そして生産諸力が、この歯止めを突破すると、たちまち全ブルジョア社会は混乱におちいり、ブルジョア的所有の存在がおびやかされる。

この文言には、生産諸力の発展が歴史の原動力であるという史的唯物論の精髄が簡潔に述べられている。生産物やこれまでの生産力を破壊しなければならない周期的な恐慌こそは、生産力と生産関係の矛盾の集中的表現であるとされる。

同時に、資本主義社会とその支配階級であるブルジョア階級を打ち倒すプロレタリア階級(無産階級)が大量に産出されるようになった。資本家とプロレタリア階級の中間にあった下層の中産階級、小工業者、商人、農民などが階級の二極分解でプロレタリア階級に転落し、プロレタリア階級はあらゆる階級から補充されている。階級対立はブルジョア階級とプロレタリア階級の二大陣営に単純化されたのである。

産業が進歩してもプロレタリア階級の生活が向上することはない。極貧状態による窮民は、人口や富の増大よりも急速に増大する。機械が労働の差異を消滅させ、賃金をほとんど同じ水準に引き下げる。プロレタリア同士の生活水準も利害も同じになっていく。同質化したプロレタリアの数が大量化すれば、資本家階級の対立勢力としての団結力も大きくなる。大工業によってつくりだされた交通網の発達によって、多くの地方闘争を容易に全国闘争に結集することができる。ブルジョア階級が封建制度を破壊するための武器だった生産力の発展は、いまではブルジョア階級自身にむけられるようになった。それだけではない。

かれら(ブルジョア——引用者)はまた、この武器を使う人々をもつくりだした——近代的労働者、プ、ロ、レ、タ、リ、アを。

ブルジョア階級は自身の墓掘人を生産している。ブルジョア階級の没落とプロレタリア階級の勝利はともに「不可避」である。プロレタリア階級のみが真に革命的な階級となるのである。

共産主義者はプロレタリア全体の利益を強調し、そのための闘争を指導することによってプロレタリアの階級形成とブルジョア階級支配の転覆、プロレタリア階級による政治権力の獲得を指導していく。これまで支配権を獲得した階級は、全社会を自分の利得にあわせることで既得権を確保しようとした。しかし、プロレタリアによる革命は、過去の革命のように新しい支配階級をつくりだすのではない。プロレタリア階級が革命によって支配階級となり、古い生産関係を廃止すれば、階級の存在はなくなり、階級対立も消滅する。「ひとりひとりの自由な発展が、すべての人々の自由な発展にとっての条件」となる、そういう社会が実現するのである。だからプロレタリアによる革命はブルジョア的生産関係の単なる改良ではなく、その廃止を目指さなければならない。本書の最後はこう結ばれる。

支配階級よ、共産主義革命のまえにおののくがいい。プロレタリアは、革命においてくさりのほか失うべきものをもたない。かれらが獲得するものは世界である。
万国のプロレタリア団結せよ！

†闘争モデル

豊かな社会の成立や社会主義国の崩壊などによって、階級や社会主義などの言葉からオーラがなくなってきた。しかし、マルクス理論は社会理論としての重要性を失ってはいない。社会についての統合モデルに対抗する闘争モデルの原型だからである。統合モデルは、社会の要素（部分）が統合されて秩序を形成しているという見立てであり、闘争モデルは社会の要素（部分）が矛盾し葛藤していて、そのことが社会変動をもたらすという見立てである。現代社会学理論でいえば、前者（統合モデル）がタルコット・パーソンズなどに代表される構造・機能主義（17・21参照）、後者は、ランドル・コリンズなどに代表される闘争の社会学（Conflict Sociology）である。

人間集団を利害の坩堝《るつぼ》としたマキアベリやホッブズを闘争モデルの先駆者としてみることもできるが、（生産力と生産関係の）「矛盾」や（階級）「闘争」を社会変動の構造的源泉として体系的に展開したのはマルクスである。マックス・ウェーバーは、マルクスの階級と階級闘争理論の影響をうけながらも、教育や門地、職業などの生活様式にもとづく身分集団による支配や権力をめぐる闘争に射程を広げた。

階級や身分だけでなく、エスニシティーやジェンダー、世代の葛藤と排除・奪還は、闘争モデルの格好なテーマである。マルクス主義は古くなったとはいえ、マルクスの社会変動理論の骨格（構造的緊張理論）は、古びてはいない。社会主義国における共産党員と非党員の葛藤をも階級対立とみることさえできれば。

Karl Marx/Friedrich Engels, *Manifest der Kommunistischen Partei*, 1948
（邦訳：大内兵衛・向坂逸郎訳、岩波文庫、一九五一）

6 マックス・ウェーバー『プロテスタンティズムの倫理と資本主義の精神』

(原論文刊行年 一九〇四―五)

――近代資本主義と宗教

ウェーバー(一八六四―一九二〇)独の社会学者。『プロテスタンティズムの倫理と資本主義の精神』は資本主義の精神的要因を宗教に探ることで、歴史の壮大なアイロニーを跡づける。

†伝統的な勤労意識と営利欲

この本を読んだのは、大学に入学して半年ほどたったとき。古典だから読まなければならないとおもった程度で文庫本をひもときはじめたのだが、すぐに引き込まれていった。というのは……この年、開発途上国に出向していたいとこ(製鉄会社勤務)が一時帰国した。京都見学にきて、一日つきあったが、そこでかれがわたしにいったことは、任地の開発途上国の労働者が、日本人とちがっていかに働かないかであった。給与や昇進などの誘因をあたえても、あまり働こうとしないということだった。働けばお金も地位も入ってくるはずなのに、どうしてなのだろう、やはり開発途上国の人々は、先天的に怠惰なのだろうか、とわたしにも疑問が残った。本書を読むにつれ喉にささった小骨がとれていくような気がし、引き込まれたのである。

ウェーバーは、近代資本主義が遭遇しなければならなかった頑固な障壁として「伝統主義的な生活態度」をあげている。労働の集約度を高めるために企図された出来高賃金は、その意図に反して労働の増大ではなく、減少を結果した場合が多かったこと、つまり「報酬の多いことよりも、労働の少ないことの方が彼を動かす刺激だったのだ」、「人は『生まれながらに』できるだけ多くの貨幣を得ようと願うものではなくて、むしろ簡素に生活する、つまり、習慣としてきた生活をつづけ、それに必要なものを手に入れることだけを願うにすぎない」というくだりは、さきの疑問があっただけに、すとんと腑《ふ》に落ちた。勤勉でないほうが、むしろ自然で、われわれが自明視している勤勉は、ある種のウィルスに精神が感染しないとおこらない代物ではないかとおもえてきたのである。

営利欲についてさえも、根本的な違いがあるのではないだろうか。そうおもって読んでいくと、その点についてもちゃんと説明がなされている。

この世の楽しみを重視してほどほどの営利を目的とするのは、ほどほどの勤労と同じく伝統主義的生活態度である。これとは別の激しい営利衝動も昔からないわけではない。しかし、この種の営利欲は、江戸時代の紀伊国屋文左衛門（元禄期の商人）がそうであるように、一攫《いっかく》千金のあとに一挙に蕩尽《とうじん》するように、営利は欲望充足の手段であって、目的（義務）として合理的に追求されているわけではない。したがってこの種の営利欲はいくら激しくとも近代の西ヨーロッパにおこった営利への心的態度とは根本的に異なっている。後者は、正当な利潤を使命（天職）として組織的かつ合理的に追求する精神態度をもって実行されるからである。営利それ自体が目的（義務）となるからこそ、資本が蓄積され拡大再生産が生じる。ウェーバーは、こうした合理的経営にもとづく資本主義を「近代資本主義」と名づけ、物質的欲望充足の手段でしかない投機的な営みの「賤民資本主義」と区別している。

†意図せざる結果

かくて、近代資本主義はさきにみた伝統的な勤労意識や伝統的な営利欲からの精神の飛躍がなされなければ、生じなかったはずだ、と問題が設定される。それも孤立的にではなく、一定のひろがりをもった集団によって成立していなければ。

そこで、さまざまな信仰が混在している地域の統計に目をとおすと、近代的企業の資本家や企業経営者、上層の熟練労働者にプロテスタントが多いという事実がわかる。しかし、プロテスタントはカトリックと比べて、はるかに非世俗的・禁欲的である。このことと資本主義的営利生活とは一見して対立するはずなのに、である。いったいなにがそうした逆説をもたらしているのか……。

ウェーバーはプロテスタンティズムのなかでもとくにカルヴィニズムの予定説に着目する。予定説とは人の救済と断罪はこの世の善行や悔い改めなどとは一切関係なく、あらかじめ神によって決められているというものである。しかし、神は絶対であるから、人々は神に選ばれているか、呪われているかを知ることはできない。信徒は絶対不安に陥る。疑惑を拭い去り、自らを選ばれた者とみなさなければならない。そういう自己確信に到達するために職業(天職)への献身が奨励された。神はこの世の職業への献身を説いているのだから、職業において成功することは、神の嘉《よみ》するところであり、神に選ばれている外的徴表ともなるからだ。神の道具と信じて禁欲的に職業(天職)に献身して、不安を鎮め救いの自己確信をたかめるほかはない。

こうした絶対不安に根ざす、常住坐臥《じょうじゅうざが》の自己確信への禁欲的努力によって、生活全体が一貫した方法で合理的に編成される。職業労働に邁進する勤勉と節約が全人格を把捉することになる。その結果、利潤や収入が増加するが、それを享楽的消費にむけることは禁止されているから、資本が形成され、利潤はさらに投資され、拡大再生産がなされる。この意味でプロテスタンティズムは近代資本主義の担い手である企業者や労働者の「主体」(エートス=心的起動力)を形成したのである。

といってもプロテスタンティズムが近代資本主義の勃興を意図していたということではない。プロテスタントの関心はあくまで霊魂の救済であったから、信仰と事業の関係は、全く意図されなかった結果である。信仰者たちの念頭にあったものとははるかにかけはなれたもの、それどころか正反対のものでさえあった。意図せざる結果としてのプロテスタンティズムの倫理と近代資本主義の精神の親和関係が壮大なスケールで描かれているわけである。

また、ウェーバーは経済体制としての資本主義が宗教改革の産物であるというような「馬鹿げた教条的テーゼ」を主張しているわけではないことにも注意を促している。

われわれが確認しようとしているのはそういったことではなくて、ただ、問題の「精神」の質的形成と全世界にわたる量的拡大のうえに宗教の影響がはたして、また、どの程度に与って力があったかということ、および資本主義を基盤とする文化のどのような具体的側面がそうした宗教の影響に帰着するのかということだけなのだ。ところで、その場合、宗教改革期における物質的基礎と社会的政治的組織形態と、そしてその時代の精神内容とが相互におそろしく複雑に影響し合っているという点を考えると、さしあたっては、特定の形態の宗教的信仰と天職倫理との間に、はたして、なんらかの「選択的親和関係」》Wahlverwandtschaften《が認められるか、また認められるとすれば、それはどの点でか、ということを究明していくよりほかはない。

だからウェーバーはプロテスタンティズムの禁欲それ自体も社会的文化的条件や経済的条件によって深く影響されていることを認めている。宗教が経済などの他の現象をどの程度、どのように制約するのか、逆に経済などの他の現象によって宗教がどのように制約されるのか、そうした双方向的視点が宗教社会学の課題であるとした。

最後に、ウェーバーは近代資本主義の結末をつぎのようにいう。近代資本主義が成熟することによって、宗教倫理の必要がなくなり、ひたすら働かないと生きていけない鉄の外枠となる、という。精神なきワーカホリック人間や営利活動をスポーツのように純粋競争としておこなうゲーム人間などの「末人」の蔓延《まんえん》を予測している。

†アイデアのルーツ

本書のアイデアは、ウェーバーがイタリア旅行をしたときえられたものである。ウェーバーは三三歳のとき重い神経症で大学教授職を中断した。何時間もすることもなく窓辺にじっとすわっていたほどだった。ついに思い立ちイタリアなどに旅行をし、ローマですごした。病が回復し、再び旺盛な知的好奇心と読書にめざめ、修道院の歴史を調べた。そして、キリスト教修道士の世界では、すでに中世から、合理化がなされていたことを発見する。かれらの生活においては、東洋の禁欲僧たちのような現世逃避のための苦行ではなく、神の道具として修道院の仕事に精励することがおこなわれていた。そうした禁欲的修道士の宗教観がプロテスタンティズムを代表にした宗教改革によって世俗外（修道院）から世俗内（職業）にひろがったという仮説をこのとき得た。本書にもこうある。

> キリスト教的な》industria《の観念は、修道士の禁欲に源を発し、修道士著述家によって発達させられたもので、これこそが後にプロテスタンティズムのもっぱら世俗内的な「禁欲」の中で完全な発達をみることになる「エートス」の萌芽なのだ。

本書のアイデアは精励と節約を旨として家内工業の織物業を工場経営にし、事業を拡大した叔父の姿にあったともいわれている。また妻のマリアンヌがウェーバーの体を心配して休ませようとしても、「一時まで勉強しないようでは、自分には教授の値打ちがない」といって、学問に没頭した自身の精神的ルーツ探しの意味もあっただろう。名著の偉大なアイデアもふとした見聞や資料との偶然の出会いから生まれることが少なくないことを知ることは、偉大なる思索家を多少とも等身大にひきよせてくれる。

Max Weber, *Die protestantische Ethik und der 》Geist《 des Kapitalismus*, 1904-05

（邦訳：大塚久雄訳、岩波文庫、一九八九）

7 ノルベルト・エリアス『文明化の過程』（原著刊行年 一九三九）
——痰壺が消えた

エリアス（一八九七―一九九〇）独の社会学者。『文明化の過程』は野蛮から文明への過程と構造を剔出。

†野蛮の消滅

文明開化という言葉がとびかったころの明治五（一八七二）年、「違《い》式《しき》詿違《かいい》条例」五三条が公布された。ここでいう「違式」とは有犯意（故意）で、「詿違」とは無犯意（過失）である。それぞれの地方で内容は若干違っているが、東京では「裸体《スハダカ》又は袒裼《カタヌギ》シ、或ハ股《モモ》脛《ハギ》ヲ露ハシ、醜体ヲナス者」という項目があった。立小便の禁止も入っていた。こうした項目は東京でもっとも厳しく取り締まられたが、「首都として、外国人の目から見て恥しくないという風俗改良の意識が一番強い東京であればこそ、こうした厳しい取締りとなったのであろう」（熊倉功夫『文化としてのマナー』岩波書店、一九九九）といわれている。

しかし、翻ってみれば、こうした野蛮な風習の多くは西欧にもあり、長い時間をかけてゆっくりと駆逐されたにすぎない。違式詿違条例にみられる「野蛮」が駆逐される過程が文明化である。礼儀や行儀作法に代表される人間の感情や行動への自己抑制が強化され、細分化され、羞恥心や不快感情の範囲が拡大していく過程である。

つばを吐く行為を例にとり、その文明化過程をみておこう。中世の作法指南書には「食卓ごしにも、食卓の上にもつばを吐いてはいけない」「手を洗うとき、手洗桶につばを吐いてはいけない」とある。いいかえれば、当時は、食卓や手洗桶につばを吐いていたということである。一六世紀になると、「つばを吐いたときはどこであろうと、必ずつばを踏み消すようにしなければならない」とされる。つばを吐くことはよくないことだが、吐いても「踏み消し」さえすれば礼儀にかなっていることになる。一八世紀には「ハンケチの中に吐くのがよい」とされ、痰壺が用意される。二〇世紀になると痰壺は人目につかない場所に置くのがふさわしくなる。さらには、痰壺さえ不必要になる。つばを吐きたいという欲求さえもが、消えてしまったようにさえ思えてくる。

†文明化の原動力

このような文明化は、洟《はな》のかみかた、排泄の仕方、食事の作法の変遷にもみることができる。しかし、この変遷は、必ずしも衛生観念の浸透によっておこったとはいいがたい。礼儀作法書には、「他人がいるところでは」とか、「他人が考えるかもしれないから」という言葉が頻出することにみることができるように、他人の思惑に注意を払うことが、文明化の原動力になっているのだ、とエリアスはいう。

では、そもそも人間はなぜ他者の思惑に注意を払うようになったのか。その原動力を、エリアスは暴力の蔓延する戦士的封建社会から暴力の集中的独占がなされる宮廷的独裁社会への変化にみる。戦士的封建社会では、戦士たちは、封建領主の領地でほとんど自給自足の生活をしている。機能分担がすくなく、個人を結びつけている鎖が短い。戦争の慢性化と死闘、復讐など暴力がいたるところに蔓延しているから、こうした社会では情感や衝動、暴力を抑制させる必要は少ない。いやむしろ、危険な社会であるから、情感や衝動、暴力をいつでも発動状態にしておかなければならない。

しかし、戦士たちの闘争によって、しだいに領土や武力が統合され中央集権的絶対主義国家が成立する。暴力が中央政権によって独占されることによって、平和な社会的な場ができる。多量の物質や人々があつまり宮廷を運営するから機能分担が広範囲になる。機能分担が広範囲になるということは、個人と他者との鎖が広く、長くなり、他者との相互作用がより大きい社会、つまり他者への依存度が大きい社会になるということである。

戦士貴族が宮廷貴族（廷臣）となることで、お互いに絶えず行動をかみ合わせながら生活しなければならない。だから、戦士といえどもいったん宮廷生活に入れば（「戦士の宮廷化」）、気を使い、長期的視野をもち、行動を厳しく規制し、情感を抑制し、衝動の状態を変えることを余儀なくされる。

こうした文明化過程が西欧では一一世紀から一二世紀にはじまり一七世紀から一八世紀に完成をみた。それは、つぎのような社会学命題としてまとめられる。

機能分担の進展に従って個々の人間が巻き込まれていく相互依存の編み合せが密になればなるほど、またその編み合せが広がっている人間の領域、機能的にであれ機構的にであれ、この編み合せと一体化している人間の領域が大きなものであればあるほど、自発的な激昂や激情に身を委ねる個々の人間はますますその社会的存在を脅かされるし、情感を抑制できる人はそれだけいっそう社会的に得をすることになる。個々の人間はそれだけになおいっそう幼いときから長い人間関係の連なりを越えて遠くまで、自分の行動の影響や他人の影響を考えざるを得なくなる。

社会構造の変化による情感の文明化についてのエリアスの巧みな比喩をみておこう。雨や風で泥沼と化し、いつなんどき盗賊におそわれるかもしれない昔の「田舎のでこぼこ道」（細分化していない社会の個人の編み合せ）といまの大都会の「舗装道路」（細分化した社会の個人の編み合せ）の比喩である。前者のような昔の「田舎のでこぼこ道」では、攻撃から生命と財産を守るために人は、いつでも戦う構えと情熱をもつことが必要である。しかし、いまの「舗装道路」では、盗賊におそわれる危険はない。交通信号や交通巡査による交通整理がなされている。しかし、交通整理は自分の行動を自分で正確に規制することによって成り立っているのである。

文明化の原動力である他者への配慮は、外的強制から自己抑制という内的強制となり、心の状態が変革される。「超自我」という「衝動監視装置」が内面に君臨し、それに違反すれば、罪や羞恥を感じることになる。意識的な自己抑制から無意識的な制御になる。

こうして、激しい情感を押しやる舞台裏、つまり無意識がつくられる。かくて、不安の内容も大いにちがってくる。かつて不安は外部の力に対するものであったが、自己抑制によって、他人との直接の戦いのなかで解消されていた緊張や激情が、いまでは押し殺されなければならないものとなったことにより、不安の戦場は、個人の心のなかへ移される。

他人の不快に触れたのではないか、という自己抑制の不足に対する不安や抑制された衝動と超自我との葛藤から生じる不安がこれである。

文明化の原動力には、社会的ネットワークの拡大による他者への配慮だけでなく、階層間の差異化のメカニズムも働いている。文明化されたふるまいは上昇してくる市民階級にたいする貴族（上流階級）の差異化として作用するからである。市民（中流階級）のほうは、貴族（上流階級）の振る舞いを模倣する。貴族は、市民階級の模倣によって追いつかれそうになるから、上品な態度や上品な趣味を絶えずつくりあげていく。中流階級もまた下流階級に対して文明化された振る舞いを差異化戦略にする。こうして文明化は広範囲に浸透する。

†文明化のゆくえ

エリアスの文明化論は社会の合理化論であるが、株式会社や簿記といった制度の合理化ではなく、意識や欲求の合理化過程を描いている。

といっても、エリアスは文明化の過程がいま頂点にあるなどとはいっていない。単調増加的に進展するともいっていない。文明化を規定する国家間の緊張や階層内・階層間の緊張圧力や困窮への不安などが突然強くなったり、逆に格別弱まったりすれば、われわれの行動様式を調整し、衝動を抑えつけているものが崩壊することもありうるのである。だから、エリアスは、ナチズムやホロコースト（大虐殺）などの暴力社会のよみがえり、つまり文明化の挫折（非文明化）を、本書につづく『ドイツ人論』（法政大学出版局）で論じることになる。

Norbert Elias, *Über den Prozeß, der Zivilisation: Soziogenetische und psychogenetische Untersuchungen*, 2 Bande, 1939（邦訳〔上、下〕：赤井慧爾ほか訳、法政大学出版局、一九七七―七八）

8 ユルゲン・ハーバーマス『公共性の構造転換』（原著刊行年 一九六二）
――コーヒー・ハウスからインターネットへ

ハーバーマス（一九二九―）独の哲学者、社会学者。『公共性の構造転換』は「市民的公共性」の誕生と変貌の歴史社会学。

†コーヒー・ハウス

チャールズ二世（在位一六六〇―八五年）からジョージ一世、二世（在位一七二七―六〇年）にかけてのロンドンはコーヒー・ハウスの時代であった。一八世紀はじめにロンドンだけで、コーヒー・ハウスが二千軒あったとも、三千軒あったともいわれている。五百人もの常連客をかかえるコーヒー・ハウスもあった。コーヒー・ハウスは、コーヒーや紅茶を飲みながら、人々が対等に各種の話題について語り合う社交場兼情報センターだった。といっても女性は排除されていて客は男性ばかりではあったが。

コーヒーの香りと紫煙、人いきれの中で、株価の上がり下がりについて、文芸や最近の説教について、さらには政治が話題になった。誰かが演説をすると、店中の客が寄り集まってきた。身分横断的で自由闊達な談論は、為政者への反逆の火薬庫だったから、政府はコーヒー・ハウス閉鎖令を出したが、非難の嵐ですぐに撤回されてしまった。

イギリス史家トレヴェリアンは、コーヒー・ハウス文化についてこういっている。政府と国教会に反対するものであれ、またその敵をののしるものであれ、「イングランド国民の全般にわたる言論の自由」こそが「コーヒー・ハウスの生活の精髄」であった（『イギリス社会史 2』みすず書房）、と。

†市民的公共圏の誕生と変容

このようなコーヒー・ハウス文化は、本書がいう「市民的公共圏」の理念型に近いものである。市民的公共圏とは、政治や経済、文化などさまざまな問題について、私民＝市民が平等に論議し、公権力と折衝するための輿論《よろん》＝公論を形成する空間である。

市民的公共圏の前史は、都市国家ギリシャにある。そこでは、自由な市民の国家の生活圏（ポリス）と各個人固有の家（オイコス）の生活圏とが画然と区別され、公的生活は広場（アゴラ）を舞台に「対話」と「共同の行為」として展開した。しかし、中世封建世界においては、領主の家計と領地の会計が分離していないように、公共圏と私生活圏は融合してしまっていたから、ギリシャ的公共性の余地がなかった。かわって独特の「具現的公共性」が立ち上がった。君主や貴族、聖職者がその地位と権力の偉大さと栄光を、儀式や祭典で誇示する「代表的具現」という公共性である。

代表的具現は「公共性の圏内でのみ行なわれうるのであって、私事としての代表的具現というものは存しない」。そして代表的具現は、公衆の前で臨御する君主の人身によって、「或る不可視の存在を可視的にする」という趣旨のものである。（中略）君主とその議会がとりもなおさず国そのもの「であるのであり」、これを単に代理するものではないかぎり、彼らは或る特殊な意味において代表することができる。すなわち彼らは、彼らの支配権を人民のためにではなく、人民「の前で」具現するのである。

代表的具現においては、民衆は、王や貴族などが栄光を呈示するときの舞台装置にすぎない。民衆は排除されることによって代表的具現という公共圏の一部を構成した。

しかし、一六世紀から封建的諸権力の解体がはじまる。宗教改革は教会権力から分離した内面の自由という私的自律圏を生む。君主の公的予算と私的家政が分離され、近代的官僚制（恒常的な行政）と常備軍によって公権力が制度となる。かくて、代表的具現の公共圏の基盤である私的圏域と公的圏域の融合が崩れる。代表的具現の公共性は、国王の宮廷へと圧縮され、華麗で際立った存在になるが、それは私的生活圏と公的生活圏が分岐する中での租界現象である。

国家に代表される公権力の領域が輪郭をもつことで、公権力＝国家の客体としての公衆が生まれるが、そうであればこそ私人の領域が自覚化され、私人の糾合《きゅうごう》としての、批判する公衆の誕生の契機となる。こうして、はじめにふれたコーヒー・ハウス、そしてサロンやクラブに代表される、政治的機能をもった市民的公共圏が誕生する。しかし、すぐさま政治的機能をもった市民的公共圏が誕生したわけではない。まずは「文芸的公共圏」が生まれる。

文芸的公共圏とは、文学作品をめぐっての談話による自己啓蒙と主体形成の場である。そこで確立された制度的基準はつぎの三つである。(1)社会的地位を度外視した対等な議論という「平等性」、(2)文学や哲学、芸術作品をめぐっての教会的・国家的権威による解釈独占権を排し、自立的かつ合理的な相互理解のなかで解釈する「自律性」、(3)討論対象の入手と議論のための資格(財産・教養)があれば、すべての私人が「公衆」として参加できる「公開性」の三つである。

こうした制度的基準をもとに、新聞や雑誌などの政治ジャーナリズムが簇生《そうせい》し、そうした媒体によって私人は公衆に変成し、公権力に対して批判的な政治的公共圏が成立する。「読書する公衆」（文芸的公共圏）は、「論議する公衆」（政治的公共圏）になる。以上が、一八世紀から一九世紀初頭にかけてのイギリスやフランス、ドイツにおいておこった事態である。

それまでは、為政者に対する反対は、内乱などの暴力によってのみ可能だったが、いまや為政者は公論というあらたな政治的公共圏の審廷で支配の正統性を示さなければならなくなった。公論を媒介に与党と野党との持続的論争がおこなわれる。

議会で屈服した少数派は、いつでも公共性の中へ退却して、公衆の判断に訴えることができたし、買収で結束した多数派は、彼らがそなえる権威（authority）を、反対派が彼らに否認する理性（reason）によって正統化する義務を負わされる。

しかし、一九世紀末からの社会福祉国家時代（後期資本主義）になると、市民的公共圏の基盤となった市民社会と国家の分離に逆の作用が働き、国家と市民社会は再融合しはじめる。社会福祉政策などによって国家が市民社会に積極的に干渉し（「社会の国家化」）、他方では、経済システムが拡大し、社会保険やサービスの主体が企業になるように、国家機能が民間機関に委譲される（「国家の社会化」）からである。市民的公共性の基盤が掘り崩されていく。

†操作的公共性の蔓延か

同時にマスメディアの驚異的発達と参入資格の切り下げによって公衆が拡張されることによって「凡庸な多数者の支配」や「画一化を強制する」公共圏の暴力化が生じる。大衆の「好意的受動性」を確保するためにパブリシティが操作され、市民的公共性には、代表的具現という公共性の復古、つまり公共圏の「再封建化」が生じる。討論もショーとなり、その示威機能の優越の前で批判機能を失っていく。昨今の討論のワイドショー化を予言するような指摘さえある。

本書が刊行されたのは一九六二年だが、一九九〇年の新版につけくわえられた著者の長文の「序言」の最後には、マスコミュニケーションの電子化と民衆的意思決定とのかかわりのゆくえについての悲観と楽観あい混じる可能性が示唆されている。社会福祉国家とネオ・コーポラティズム（巨大利益集団が政府と提携することで政策運営や利害調整がなされる政治システム）は公共性を構造転換させたが、インターネットに代表される電子的公共圏は、コーヒー・ハウスの現代的な機能的等価物となりうるのか。それは操作的公共性のたんなる拡大なのか。それともそれらとは全く別のあらたな公共性の出現なのか。あらためて問われなければならない。

Jürgen Habermas, *Strukturwandel der Öffentlichkeit: Untersuchungen zu einer Kategorie der bürgerlichen Gesellschaft*, 1962
（邦訳〔第2版〕：細谷貞雄・山田正行訳、未來社、一九九四）

9　ミシェル・フーコー『監獄の誕生』（原著刊行年　一九七五）
――顔のみえない監視

フーコー（一九二六―八四）仏の哲学者。『監獄の誕生』は近代社会のポリティクスを規律／訓練権力から解明。

†体罰の減少と監視網のひろがり

イートンやハロウ、ウィンチェスターなどに代表される英国の名門パブリック・スクール（エリート中等学校）の創立は、一四世紀から一六世紀にまでさかのぼる。歴史が古いだけに、これらの学校の歩みを辿ることは、近代への道筋を知ることにもなる。

一八世紀から一九世紀はじめにかけてのパブリック・スクールには生徒と学校当局の紛争が多発した。生徒の暴動を鎮圧するために軍隊が出動した場合もある。紛争の火種はおくの場合、それまでの生徒の領分に学校当局が介入したことによる。放課後、生徒が近隣に密猟にでかけたり、町の酒場で飲酒したりすることは放置されていた。教師の目のとどかない時空間は、生徒の領分だっただけではなく、生徒の独立心を養うものとさえされ、生徒の自由にまかされていたのである。ところが、一九世紀前後になると学校当局が寮の門限を早めたりして、生徒の領分をとりあげはじめた。生徒の暴動はこのようなときにおこった。

一九世紀半ば以後になると、生徒がいまなにをしているのかが学校当局にわかるようになった。それだけではない。六週間あとの午後三時半に生徒はなにをしているかまで予測できるようになった。監視の網の目がひろがることと対応して、パブリック・スクール名物である体罰（鞭打ち）が減少していくのである。

†すみずみにひろがる権力

本書はこうした監視社会がどのように誕生したかを、ニーチェがキリスト教道徳についておこなった系譜学の技法をより徹底化することで解明している。系譜学というのは、今、絶対の真理や道徳として存在するものを、そのようには存在しなかったかもしれないなにものかとして歴史的に再構成する学である。系譜学という名称には、過去を現在に平坦につなげるきらいのある歴史学との違いが込められている。

本書は、一七五七年のフランスにおいておこなわれた公開処刑の場面からはじまる。国王暗殺に失敗したダミヤンの身体刑である。公衆の面前でダミヤンは灼熱したやっとこ（針金などを挟む鋼鉄製の工具）で懲《こ》らしめられ、硫黄の火で焼かれ、さらに身体を四頭の馬で四つ裂きにされる。しかし、一八世紀末から一九世紀はじめにかけて、手足を切断し、顔面や肩に烙印を押し、さらし者にする「華々しい見世物《スペクタクル》」としての処罰が禁止される。断頭台での馘首のように犯罪者は瞬間的に殺される。身体刑が簡略化されるのである。

　同時に、刑罰は耐え難い苦しみから、諸権利を停止させる経済策にうつる。身体刑から監禁による矯正策にうつりはじめる。犯罪者が犯罪を重ねないようにするための心・思考・意志・素質への懲罰になる。ダミヤンの凄惨かつ「華々しい」処刑から四分の三世紀たった一八三八年の「パリ少年感化院」の規則には、起床から就寝までの振る舞いを事細かに規律化する刑罰が記されている。犯罪行為の負債を返済するのではなく、身体そのものを従順で有用なものに矯正させることへの変化である。刑罰制度のこのようなうつりかわりは権力技術の新しい策略によるものだ、とフーコーはいう。

　権力とは「社会関係のなかで抵抗に逆らっても自己の意志を貫徹するあらゆるチャンス」（マックス・ウェーバー）とされてきた。このような権力は、支配者が被支配者に義務や禁止として上から下へ強制するものである。しかし、近代社会の権力はそのような支配階級の特権として理解されるべきものではなく、制度や諸関連の網の目の中の機能や効果という日常の相互作用ネットワークでの働きとしてみなければならないというのである。

その権力は、所有されるよりむしろ行使されるのであり、支配階級が獲得もしくは保持する《特権》ではなく支配階級が占める戦略的立場の総体的効果である――被支配者の立場が表明し、時には送り返しもする効果であることを。他方この権力は、《それを持たざる者》に、ただ単に一種の義務ないし禁止として強制されるのではない。その権力は彼らを攻囲し、彼らを介して、また彼らを通して貫かれる。しかもその権力は彼らを拠り所にするのである。

このような権力と伴走しながら、犯罪行為の背後の精神をめぐって精神医学（精神鑑定）や心理学（知能テスト・性格テスト）、教育学（試験と教化）のような人間諸科学の知が開発される。人間諸科学の知によって、物の見方や振る舞いかたなどが正常と異常で区分けされ、微視的権力の作動が正当化される。微視的権力は監獄だけでなく、工場、兵営、病院、学校にはびこる。この微視的権力技術の身体への行使が規律／訓練《ディシプリン》である。

規律／訓練権力は、赤裸々な暴力をともなった抑圧的な権力ではない。身体や感情を自発的に制御させてしまう慎ましいが疑い深い権力である。上から下へ流れ、抑圧し、禁止する権力ではなく、毛細管のように遍在し、日常的社会実践を通じて作用する権力である。時空間を組織化し、身体を部品化し、組み立てる。兵士の身体や工員の身体がそうであるように、従順で有用な身体としての個人が編成される。かくてフーコーはいう。

なるほど個人というものは、社会の《観念論上の》表象の虚構的な原子であるにちがいないが、しかしそれは《規律・訓練》と名づけられる、権力の例の種別的な技術論によって造りだされる一つの現実でもあるのである。たとえば、権力は《排除する》、それは《抑制する》、それは《抑圧する》、それは《取締る》（中略）などの否定・消極的な関連でつねに権力の効果を述べるやり方は中止しなければならない。実際には、権力は生み出している、現実的なるものを生み出している。客体の領域および真実についての祭式を生み出している。

†パノプティコンと管理社会

こうした規律／訓練の代表的な実践と技術が「パノプティコン」（一望監視装置）である。一望監視装置は功利主義の提唱者であり法学者だったイギリスのジェレミー・ベンサム（一七四八―一八三二）が考案した、病人や受刑者、労働者の管理のための施設である。円形状の建物で中心に塔がある。塔には円周状に周囲の建物のなかを監視することのできる大きな窓がある。周囲の建物は独房に分けられ、それぞれの独房には、窓がふたつある。ひとつは塔の窓から覗き込まれる窓であり、もうひとつは光が独房にさしこみ塔から覗き込むための明るさを確保する窓である。こうして独房の人間の小さな影がはっきり光のなかに浮かびあがり、ただひとりの監視人が全貌を把握できる。受刑者は中央の監視塔からは完全にみられるが、監視塔の人物を見ることはできない。

いまや権力の本源は、人格ではなく、身体・表面・光・視線などの仕掛のなかに遍在する。一望監視装置は絶妙な機械仕掛である。監視人の姿を目にすることができないが、そうであるが故に恒常的に見られている恐れにさらされる。こうした顔のない監視のまなざしは、自己を監視する自己を誕生させ、自発的にその強制を自分自身へ働かせる。「あらゆる物理的な対決を避け、つねに前もって仕組まれる、永続的勝利」がなされる。監視者も監視され、取り締まられるのである。われわれは、このような意味で規律／訓練権力に攻囲された監禁社会に生きている。

おもえば、一九七〇年前後の全共闘運動が高揚したころ、「管理社会」という言葉が流行った。「管理社会」は、支配者階級からの実物的権力作用による抑圧よりも、蔓延しながらも作用が柔らかく、源がわからず、真綿で首を絞められるような抑圧感を表した用語として、実感に即していた。しかし、「管理社会」とはなにか、管理社会の権力作用とはどのようなものかとなると、当時はまだ語る言葉をもたなかった。本書がフランスで刊行されたのは一九七五年、日本で翻訳が刊行されたのは、一九七七年だったからである。

Michel Foucault, *Surveiller et punir: Naissance de la prison*, 1975
（邦訳：新潮社、田村俶訳、一九七七）

Ⅲ　大衆社会・消費社会・メディア社会

10 オルテガ・イ・ガセット『大衆の反逆』（原著刊行年　一九三〇）
――専門家こそ大衆

オルテガ（一八八三―一九五五）スペインの政治学者・社会学者。
『大衆の反逆』は大衆の心性を抽出した大衆社会論の古典。

†「日比谷焼討ち」事件

一九〇五年九月五日、日比谷公園の六つの入り口は柵で打ちつけられ、警官が集結していた。日露講和条約での償金や領土割譲を不満として、政府の弱腰を批判する国民大会の開催が予定されていたが、政府によって禁止されたから、開催予定場所が警備されていたのである。

しかし、大会禁止を知らずに全国から数万という人々がかけつけた。集まった人々は投石などで警官を蹴散らし、日比谷公園になだれ込んだ。万歳が絶叫され、花火が打ち上げられた。轟然とした中で、大会が挙行される。「挙国一致必ず屈辱的条約を破棄せんことを期す」などの決議が朗読され、拍手大喝采となる。解散後、激しい暴動がはじまった。制止する警官との乱闘はもとより、御用新聞とされた国民新聞社の破壊、内務大臣官舎破壊などがつづいた。騒乱は翌日も続き、東京の交番の七割以上が焼かれた。

全国各地に号外が飛んで「日比谷焼討ち」事件が知らされた。群衆の恐ろしさと巨大なエネルギーが遍《あまね》く知られることになった。「群衆」が発見されたのである。この群衆の素顔が「平民」や「民衆」や「大衆」である。

日本では、「平民主義」(徳富蘇峰)や「民衆の時代」(大山郁夫)などで「平民」や「民衆」の発見が先行したが、大正時代末(一九二三年)の関東大震災後、仏教用語で「大勢の僧」を意味する「大衆」が「マス」の訳語として登場した。ただし、大衆は平民や民衆よりも文化程度が高い都市中間階級を指示していた。その意味で「大衆」はモダン用語であった。普通選挙制の実現によって大衆政治が、またラジオや週刊誌などをつうじて大衆文化が、大量生産によって大衆消費が生まれ、大衆が前景化しはじめた。

†大衆とは平均人

本書は、このような日本社会の大衆化現象とほぼ時を同じくした第一次世界大戦後のヨーロッパを舞台に、大衆の誕生と大衆の心性とをえぐり出している。六世紀から一八〇〇年までのヨーロッパの人口は一億八千万を越えたことはなかったが、一八〇〇年から一九一四年の間に四億六千万以上になった。いまやホテルは宿泊客で、汽車は旅行者で、映画や演劇には観衆がむらがっている。かつては少数者のためにとっておかれた最上の場所に大衆が躍り出たのである。

オルテガは、こうした大衆の誕生を、自由主義的デモクラシーと科学技術・産業主義によるという。かつて民衆は物質的にも身分的にも重苦しい運命をおくらなければならなかった。生きることは障害の堆積になんとか適応していかなければならないものだった。ところが自由主義デモクラシーによって身分も階級もなくなり、凡庸なる人にも生まれながらの権利が保障された。科学技術と産業主義によって以前は金持ちや権力者でさえ悩まなければならなかった貧困や危険から多くの人々が免れることができるようにもなった。こうして生が「自由無碍《むげ》」にみえる「慢心しきったお坊ちゃん」という塊《マス》が誕生する。

では、大衆とはそもそもどのような存在か。オルテガは社会には少数者と大衆がいるとしてつぎのようにいう。

少数者とは、特別の資質をそなえた個人もしくは個人の集団であり、大衆とは、特別の資質をもっていない人々の総体である。したがって、大衆といった場合、「労働大衆」のみを、あるいは主として「労働大衆」を指すものと考えられては困る。大衆とは「平均人」のことなのである。（中略）大衆とは、善い意味でも悪い意味でも、自分自身に特殊な価値を認めようとはせず、自分は「すべての人」と同じであると感じ、そのことに苦痛を覚えるどころか、他の人々と同一であると感ずることに喜びを見出しているすべての人のことである。

労働者であるから大衆であるとか、貴族だから大衆ではないとかではなく、精神の姿勢に大衆の特質をみる。「少数者」は自らに多くを求める人々であるのに対し、「大衆」は、風のまにまに漂う浮標のような人々である。大衆は過去に対してもなんら敬意をはらわない。「凡俗な人間が、自分が凡俗であるのを知りながら、敢然と凡俗であることの権利を主張し、それをあらゆる所で押し通そうとする」。そういう人々が大衆なのだという。

オルテガのいう大衆とは、隣人と同じ振る舞いをめざし、すべて高貴なものを引きずりおろそうとするニーチェのいう「畜群《ヘールデ》」（衆愚）とほぼ同じ存在である。ニーチェはつぎのようにいっている。

中間のものと中位のものとを、最高であってこのうえなく価値あるものと評価するが、これは、多数者が住みついている場所であり、多数者がこの場所に住みつくやり方である。（中略）中間のもののうちでは恐怖というものがなくなる。ここにいるのはおのれの仲間だけだからである。ここには誤解される余地もほとんどなく、ここには平等があり、ここでは、おのれ自身の存在が非難さるべきものとしてではなく、正当な存在として感ぜられ、ここには満足感が支配している。不信は例外者に関することであり、例外者であることは罪責とみなされる。（原祐訳『権力への意志』上、ちくま学芸文庫）

では、科学者に代表される専門家は、大衆との関係でどのように位置づけられるのか。すでにふれたようにオルテガは大衆を職業や階級などの社会的カテゴリーで規定しているわけではない。とすれば、少なからざる科学者もまた大衆だということになりうる。

一九世紀末からの科学は専門分化することによって発展してきた。ひとつの特定科学へ専門特化するだけではない。そのうちの特定分野の専門家なのである。「彼は自分が専門に研究している狭い領域に属さないいっさいのことを知らないことを美徳と公言し、総合的知識に対する興味をディレッタンティズムと呼ぶまでになった」。科学者はなるほど知者であるが、部分的にそうであるにすぎない。知者にしてかつ無知者である。にもかかわらず、自分の専門以外の広大な領域については、無知者としてふるまうのではなく、知者のように傲慢にふるまう。かくて専門家こそ、たちの悪い大衆ということになる。

人間社会は、貴族的である程度に応じて社会でありえ、貴族性を失えば、社会ではなくなってしまう、というオルテガの貴族主義的言明に抵抗がある者も、大衆は「喫茶店の会話から得られた結論を実社会に強制する」という一節などには、大いにリアリティを感じるであろう。ワイドショーのコメンテーターの紋切り型発言をなぞって社会問題や政治問題に一家言をもち、しゃしゃりでる大衆を想起させるに十分だからである。

三〇歳にして独り山に入って、一〇年後、ツァラトゥストラは人の世におりていき、群衆にこう語った。

> わたしはきみたちに超人を教える。人間は、超克されるべきところの、何ものかである。きみたちは、人間を超克《こ》するために、何をなしたか?
> 従来あらゆる存在者は自分を超え出る何ものかを創造した。ところがきみたちは、この大いなる上げ潮の引き潮であろうと欲するのか、そして、人間を超克するよりも、むしろ動物へと後退しようと欲するのか?(吉沢伝三郎訳『ツァラトゥストラ』上、ちくま学芸文庫)

†「大衆」争奪戦

ただしオルテガが抽出した大衆像は、あくまでマックス・ウェーバーいうところの理念型である。理念型とは経験的実在を一定の観点から論理整合的に抽象化した論理的構成物である。大衆の暴発形態である「群衆」とおなじように、背伸びする「中間階級」(ブルデューいうところの文化的善意の人々。16参照)や公衆である「市民」、自足はしても高貴なものを引きずりおろすといった欲望とは無縁な「庶民」や「常民」(柳田國男)などもオルテガのいう「大衆」概念の近傍にある。

オルテガの抽出した「大衆」を、いまふれたような近似概念のなかで位置づけ、それらの相補・対抗関係を探っていくことによって、大衆社会の来し方行く末を辿ることができるのではあるまいか……。大衆の動員にあたってこれらの類型のうちある特定の類型が選択され、意味付与され使用されていく経緯について辿ることもできる。「市民」や「民衆」(運動)はもとより「プロレタリアート」や「無産階級」「人民」「臣民」、さらには「一般ピープル」といった言い方さえ、大衆争奪戦での表象闘争なのだから。

José Ortega y Gasset, *La Rebelión de las Masas*, 1930
(邦訳:神吉敬三訳、ちくま学芸文庫、一九九五)

11 ディヴィッド・リースマン『孤独な群衆』（原著刊行年 一九五〇）
——羅針盤とレーダー

リースマン（一九〇九—二〇〇二）米国の社会学者。『孤独な群衆』はアメリカ人の「社会的性格」の変化を平明闊達な文体で叙述。

†社会学書のヒット・チャート

アメリカの社会学者の書いた本のヒット・チャート（ベストセラー・ランキング）がある。一九九五年までの集計である。このリストの上位にあがっていて、日本語の翻訳があるものを中心にひろうと、スレイター『孤独の追求』（新泉社）が五〇—七五万部。ベラー『心の習慣』（みすず書房）とリプセット『政治的人間』（創元社）が四〇—五〇万部、ホワイト『ストリート・コーナー・ソサエティ』（有斐閣）が二〇—三〇万部、カンター『企業のなかの男と女』（生産性出版）が一五—二〇万部、ベッカー『アウトサイダーズ』（新泉社）とベル『脱工業化社会の到来』（ダイヤモンド社）が一〇—一五万部である。

ランキングの断トツが本書である。刊行されたのが一九五〇年であるが、七一年までに一〇〇万部を売り切った。一九九五年までに一四三万四千部になった。(Herbert J. Gans "Best-Sellers by American Sociologists," in D. Clawson, *Required Reading*, 1998)。

本書が社会学者の書いた本の中のベストセラーであるのは、堀田善衞の「広場の孤独」(第二六回芥川賞、一九五一年)とも相通じる卓抜な題名はもとより、ジャーゴン・フリーで、文学者の書いた本とみまがうばかりの華麗な文体にあるだろう。が、なんといっても、一九五〇年という早い段階で、アメリカ人の社会的性格の変化の兆候を察知(副題は「アメリカ人の性格の変化」)したことと、そうした変化を歴史的段階論として体系的に提示したことにある。

†三つの社会的性格

いま社会的性格といったが、それは、同一の階級や集団、地域、国家に属する人々が共有する性格である。共通の経験や生活様式によって培われた性格のことをいう。官僚体質とか、男(女)らしさとか国民性といわれるものである。こうした社会的性格を、家族や氏族中心の伝統社会(農業社会)から、ルネッサンス、宗教改革、産業革命による第一の革命の時代(工業化社会)、そして生産の時代から消費の時代への第二の革命の時代(脱工業化社会）に対応させながら抽出している。社会が成員を同調させていく同調性の様式（社会的適応の様式）が社会によって異なっているからである。伝統社会、工業化社会、脱工業化社会の社会的性格をそれぞれ「伝統指向型」「内部指向型」「他人指向型」の三つの理念型で対応させている。

「伝統指向型」は、過去何世紀にもわたる慣習などの伝統に同調することで行為がなされる。恥をかかず無難に生きることを旨とする社会的性格である。ところが第一の革命によって社会組織が急速に変化すると、それまでの社会的適応様式であった「伝統指向型」が不適合になる。工業化社会では選択の幅がひろがるから、伝統という既存のきまりによって予断できない社会である。新しい社会的適応様式＝性格構造が必要である。それが「内部指向型」である。

開かれた社会に適合するような新しい心理的メカニズムが誕生する。幼少期に年長者から植え付けられた一般的な目標という心理的ジャイロスコープ（羅針盤）がこれである。ここでいう「一般的な目標」とは、職業に献身するとか世の中でひとかどのものになるなどの目標である。内面の声という「羅針盤」によって人生を突き進む人々が内部指向型である。ウェーバーが描いたプロテスタント（6参照）がこの典型的人間像である。こうした社会的性格にあっては、衝動や同時代人の気まぐれな意見などにまどわされて羅針盤にしたがわないことが「罪」の意識となる。

やがて第二の革命がおきる。第一次産業はいうまでもなく、第二次産業も減少し、第三次産業が増える時代になる。人々は物と対峙するよりも他人と対峙する中で生きていかなければならない。物質的環境よりも人間環境が重要になる。「内部指向型」の進取の気性や頑張りがそれほど必要ではなくなり、生存において他者との折り合いが大きな課題になる。他者は友人や同輩、そしてマスメディアである。

他人指向の人間がめざす目標は、「他者からの信号にたえず細心の注意を払う」ことである。信号に細心の注意を払うから、「レーダー」を内蔵していることに譬《たと》えられる。「ひとが自分をどうみているか、をこんなにも気にした時代はかつてはなかった」とリースマンはいう。内部指向型も自分についての評判を気にしないわけではなかったが、衣服とか、カーテンとか銀行の信用などであって、世論や他人の評判ではなかった。他人指向型が気にするのは、外見的な細部にではなく、他人の気持ちをことこまかく斟酌《しんしゃく》しようとするところにある。だから他人志向型には、「恥」(伝統指向型)や「罪」(内部指向型)よりも「不安」がおそう。

他人指向型といっても競争をしないわけではない。しかし、同輩集団からの承認が重要なのだから、その競争は、差異がほんのちょっとのものでなければならない。したがって、「限界的差異化」(marginal difference)競争となる。また、同輩との競争はあくまで協力関係のもとでなされるから「敵対的協力」(antagonistic cooperation) になる。後者についてリースマンはつぎのようにいう。

内部指向型の人間の場合には生産の領域、そして二次的には消費の領域におどろくべき競争的エネルギーが放出されていたのであるが、現代社会にあっては、そのエネルギーは同輩集団からの承認を得ようとする不定形な安全確保のための競争につかわれているようにみえる。しかし、その場合の競争というのは、承認を得るための競争である。そしてこの競争はその性質からして、あからさまに競争的であってはならない。このようなわけで私は「敵対的協力」という言葉がこうした事態を説明するのに適切であると考える。

†「おたく」は自律型か不適応型か

これまでみた伝統指向型、内部指向型、他人指向型は、たしかに歴史的段階と対応した社会的性格ではあるが、内部指向型の時代に伝統指向型が、他人指向型の時代に内部指向型が存在しないわけではない。それぞれの類型はいつの時代にもみられるが、あくまでも典型的社会的性格が歴史的段階と対応しているのである。さらに、内部指向型こそが自律的人間で、伝統指向型や他人指向型は単なる適応型のようにおもわれがちであるが、リースマンはそのような誤解をさけるために、どの時代にも「適応型」「アノミー型（不適応型）」「自律型」があるといっていることに注意したい。

内部指向型のアノミー型は「ヒステリーないし無法者」であり、他人指向型のアノミー型は「感情喪失と空虚な表情」である。だから、社会規範に同調する能力を持ちながら、同調するかしないかについては選択の自由をもっている自律型の重要性が強調されている。

他人指向型のうちには、「一瞬たりとも……レーダーを休止させておくことができない」人々がいる。このような人々は同調過剰という適応型のカリカチュアである。としたら、一九八〇年代の日本でエッセイスト中森明夫によって発見され、命名された「おたく」は、他人指向型社会の単なる不適応型なのか、それとも自律型なのだろうか。リースマンは、他人指向型社会のなかでの自律型の形成について、仕事や遊びでの人格過剰化をひかえることからはじまるといっているが、「おたく」たちの他者への配慮のなさに自律型の可能性をみるべきだろうか。それとも不適応型をみるべきなのだろうか。おたく論を展開するためにも、本書は文明的スケールでのヒントをあたえてくれるはずである。

David Riesman, *The Lonely Crowd: a Study of Changing American Character*, 1950
（邦訳：加藤秀俊訳、みすず書房、一九六四年）

12 マーシャル・マクルーハン『メディア論』（原著刊行年 一九六四）
——メディアはメッセージである

マクルーハン（一九一一—八〇）カナダの文明批評家。『メディア論』は新メディアによる感覚革命と社会革命を大胆に呈示。

†竹村健一とマクルーハン旋風

戦後最大の評論家といえば、大宅《おおや》壮一《そういち》（一九〇〇—七〇）であろう。戦後、新制大学が雨後の筍のようにでき、駅弁を売っているところには必ず大学があることから、「駅弁大学」という名称を風靡《ふうび》させた。テレビが普及した時代に、低俗番組ばかりで「（これでは）一億総白痴化」と命名したことでも有名である。いまでは評論家山本七平の造語とおもわれていることも多い、「日本教」でさえも、はじめて使ったのは大宅壮一である（「教祖的人物銘々伝」『中央公論』一九五二年一月号）。大宅のつぎに活躍した評論家には藤原弘達（一九二一—九九）が挙げられる。いわゆるタレント教授のはしりである。藤原のあとには竹村健一（一九三〇―）がいる。

三人を比べると、活躍の時代に対応して、大宅は活字的、藤原は活字的＋ラジオ的、竹村はテレビ的＋ラジオ的、といえる。竹村健一は、揉《も》み上げを伸ばし、パイプ片手に即興で視聴者に語りかけた。本書のいう、テレビ向きキャラ、すなわち、「教師、医師、実業家、その他諸々の職業のどれにも見え同時にどれとも見えないような人物」を実践するかのように。

竹村は、『英文毎日』紙記者などをしながら、英語もの（『おとなの英語』）を書いていたが、一躍有名になったのは、マクルーハンの紹介者としてである。一九六一年三月の『ライフ』誌にのっていたマクルーハン論を読み、興味をいだき、「テレビ時代の予言者M・マックルーハン」を『放送朝日』に寄稿した。同年『マクルーハンの世界』（講談社）を刊行し、ベストセラーになる。週刊誌や雑誌では、「人間が触覚化した」というようなマクルーハンの紹介記事でひきもきらずだった。テレビ受信契約者数は、一九六〇年に五百万だったものが、一九六七年には二千万を突破するにいたった。テレビ時代の人間の感覚と経験の変容を描いた書だった。

しかし、こうした業界人を中心としたマクルーハン・ブームは、まじめな読書人にはむしろマイナスに働いた。おもしろいがいかがわしいものという印象をあたえてしまったきらいがある。そのせいか、当時のマスコミ学者たちは、マクルーハン理論に必ずしも好意的ではなかった。

しかし、業界ブームが去り、他方では、八〇年代初期のニューアカブーム（浅田彰『構造と力』を代表にした人文・社会科学の新しい潮流）のなかで、記号論（13参照）や表象論が流行となる。また電子技術を利用した新しい情報伝達手段としてのニューメディアへの注目が高まる。このような文脈変化のなかで、マクルーハン理論が再び脚光をあびるようになった。

†熱いメディアと冷たいメディア

マクルーハンは、本書よりも二年前に刊行した『グーテンベルクの銀河系』で、一五世紀の印刷技術の発明が人間の経験と社会にどのような変化をあたえたかを詳細に論じた。本書の「18　印刷されたことば」で、そのさわりの部分を知ることができる。

印刷技術の発見によって話し言葉の時代（聴覚中心）の人間が視覚中心の活字人間になる。感覚革命と社会革命がおこった。印刷媒体は、均質性・画一性・線形性・反復可能性などの経験の様式を生んだからである。こうした経験の様式の変容が工業生産やマーケティングの基礎となり、近代社会をもたらした。印刷媒体の読書（黙読）は個人的営為であるから、それまで話し言葉で成り立っていた郷党社会や部族社会を解体させ、ばらばらな個人（個人主義）の集合をもたらした。ばらばらな個人という均質性をもとに国家主義が出現する。

マクルーハン理論の核心部分は、人間の経験様式とそれにともなう社会革命はメディアにのった内容よりもメディアそのものだ（「メディアはメッセージである」）ということにあるが、それを敷衍すればつぎのようなことである。

普通は、メディアは、テレビ画像であれ新聞であれ、便宜的なもの（媒体形式）にすぎず、メッセージ（情報）そのものが大事であるとされる。このような常識的な見解は間違いで、どんなメディアによって表示され伝達されているかは、メッセージの内容とは別に、それ自体固有の作用をもつとする。中身や内容（情報）ではなく、器（メディア）そのものの固有の効果の重要性を指摘するのである。

どんなメディアでもその「内容」はつねに別のメディアである、ということだ。（中略）いかなるメディア（つまり、技術）の場合でも、その「メッセージ」は、それが人間の世界に導入するスケール、ペース、パターンの変化に他ならないからである。

印刷技術の発明と感覚・社会革命もこのような視点、つまり「メディアはメッセージ」という視点から分析されている。本書は、印刷媒体につづいておこった電話やラジオ、テレビなどの電気技術がもたらした人間の経験と社会の変化に焦点をあてている。

ここで重要なのは、電気技術の精華であるテレビなのだが、そのメディアとしての特徴をみるために、「熱いメディア」と「冷たいメディア」の区別がなされる。それぞれは、(1)高精細度のメディアか低精細度のメディアか、(2)受け手の参与性が高いか低いか、(3)単一感覚に作用するか全身感覚に作用するか、の三つで区別される。(1)の高精細度か低精細度かは、形や輪郭が明確なものとそうでないものの区別である。(2)の参与性は、情報に関して受け手が補う余地が大きいか、小さいかによるもので、それぞれは参与性が高い、低いで区別される。(3)は、メディアによる身体の拡張が、視覚や聴覚などの感覚器官のうちのひとつであるのか、すべての感覚器官を含んだ拡張なのかによる区別である。

こうした区別をしたうえで、高精細度+低参与性+単一感覚を特徴とするメディアを「熱い」メディアと呼び、低精細度+高参与性+全身感覚を特徴とするメディアを「冷たい」メディアと呼んでいる。

熱いメディアは、データが十分にみたされているから、受け手は対象と距離をとることができにくくなる。参与性の低いメディアであり、単一感覚に作用する。それに対して低精細度のメディアは、情報量がとぼしく受け手が補わなければならない。参与性が高く、全身感覚に作用する。この分類でいうと、ラジオは熱いメディア、電話は冷たいメディア、写真は熱いメディア、漫画は冷たいメディア、講演は熱いメディア、セミナーは冷たいメディアだ、ということになる。

†解毒剤

視覚という単一感覚だけに作用する印刷技術は専門分化をもたらし、部族社会を解体させたが、全身感覚に作用するテレビは専門分化を促さないから、かつての部族社会の「直感」と「統合的共感力」が取り戻され、再び部族社会になる。「再」部族化は、地球村というグローバル・ヴィレッジの誕生につながるという。

つぎの文章は本書の冒頭にあるものだが、電気技術メディアの登場による人間拡張の最終革命の様態を端的に語っている。車は足の、書物は目の、衣服は皮膚の拡張であるが、電気回路は神経系統の拡張であるからだ。

西欧世界は、三〇〇〇年にわたり、機械化し細分化する科学技術を用いて「外爆発」（explosion）を続けてきたが、それを終えたいま、「内爆発」（implosion）を起こしている。機械の時代に、われわれはその身体を空間に拡張していた。現在、一世紀以上にわたる電気技術を経たあと、われわれはその中枢神経組織自体を地球規模で拡張してしまっていて、わが地球にかんするかぎり、空間も時間もなくなってしまった。急速に、われわれは人間拡張の最終相に近づく。

Marshall McLuhan, *Understanding Media: The Extensions of Man*, 1964
（邦訳：栗原裕・河本仲聖訳、みすず書房、一九八七）

敬虔なカトリック教徒であったマクルーハンは、視覚文化（印刷媒体）などの単一感覚メディアの制覇によって、焼香（嗅覚《きゅうかく》）や瞑想（高参与）などの伝統的カトリック文化が衰退させられたことを憂えていた。だから、全身でメッセージを感受するテレビ時代を歓迎した。しかし、こうもいっていることをわすれてはならない。「バクテリアを防ぐには、精神の絶対的な高潔さだけではどうにもならない。したがって、テレビに対抗するためには、たとえば印刷のような、それと関連のあるメディアの解毒剤をもってこなければならない」。

13 ジャン・ボードリヤール『消費社会の神話と構造』（原著刊行年　一九七〇）
――どこまでも透明なネオ・リアリティ

ボードリヤール（一九二九―二〇〇七）仏の思想家。『消費社会の神話と構造』はモノ＝記号の氾濫とシステムの欲望を描く。

†『なんとなく、クリスタル』

一九八一年、『なんとなく、クリスタル』（田中康夫、河出書房新社）が刊行され、ベストセラーになる。青山学院大学生とおぼしき由利が主人公。由利は一九五九年生まれ。小説の時間は一九八〇年六月。由利は二一歳。豊かな大衆消費社会の申し子として命名された「新人類」という言葉が流行語になったのがこのころである。「新人類」は一九六〇年以後に生まれた世代の呼称とされた。由利は「新人類」のさきがけということになる。

由利は、ロシアとベルギーの血が入ったモデル仕事仲間の奈緒のことについて「一体、彼女のアイデンティティーは、どこにあるのだろうか」と思いをめぐらす。「モデルの仕事が、彼女にはあっている。……モデルの仕事は、アイデンティティーを考える必要がないからだ」とおもう。「アイデンティティーを考える必要がない」のは奈緒に限らない。小説の末尾で「三十代になった時、シャネルのスーツが似合う雰囲気をもった女性になりたい」とひそかにおもう由利自身もそうであろう。いや、消費が生の内容となったわれわれのことでさえある。『なんとなく、クリスタル』には、「ムッシュー・ニコル」「ナイキのスニーカー」「ディオリッシモ」といったおびただしいブランド名やモノの名前がでてきて、その注釈が巻末に四四二もついている。

†システムの欲求と消費

本書の翻訳は、『なんとなく、クリスタル』が『文藝』(一九八〇年一二月号)に掲載される一年前に刊行された。ボードリヤールはこう宣言する。「消費(する)」ということが、最近までは、経済学の専門用語以外ではほとんど使用されなかった。ところがいまでは食料品のための日常的支出から威信を示す支出、はては祭りの開催までに消費という言葉をつかうようになった。

消費という語が日常的に用いられるようになったという事実は、歴史そのものを変える新しい社会的現実の出現を象徴している。正確にいえば、消費という語が風俗の一部となった時はじめて消費そのものも存在するようになるのである。分析に用いようのない「反概念」であり、人びとを戸惑わせるこの語は、しかしながら、あらゆる価値のイデオロギー的再編成が行われたことをわれわれに知らせてくれる。だから、現代社会が消費社会としての生命を生きているのだという認識こそが、客観的分析の出発点でなければならない。

いまや人々は他人の中でというよりも、従順で幻惑的なモノの沈黙の視線のもとで生きている。「モノのリズムに合わせて」生きているのだ。このように、本書では「モノ」(オブジェ、objet)という語が頻出するが、「モノ」を「物」と区別するためである。「物」の消費は物の機能や効用による使用であり、「モノ」の消費は、社会的地位などを誇示するために、あるいは自分らしさや幸福・美の雰囲気にひたるためにモノを記号的に消費することである。「物」は記号内容であり、「モノ」は記号表現である。人々はモノをその使用価値において消費するのではなく、自分を他者と区別する記号として消費しているのである。

したがって主体がその欲求を満たすために物を消費し、欲求の充足を得るという経済学を代表にした消費の公認イデオロギー（物的消費論）から訣別しなければならない。しかし、現代の消費行動に差異の欲求という個人の戦略だけをみるのであれば、ソースタイン・ヴェブレンのいう「顕示的消費」（『有閑階級の理論』ちくま学芸文庫）とちがわない。「顕示的消費」とは物の直接的効用（使用価値）よりも高価な物を消費できるという地位の見せびらかしのための消費である。本書の独自性は、個人は、そうした差異の欲求を実践することで、それぞれの個人が差異の秩序のなかで位置づけられ、かつ秩序そのものを再生産するという構造分析にいたっているところにある。この点で顕示的消費をもっぱら個人の戦略として描いているヴェブレンと袂《たもと》をわかつ。

生産性の増大によってますます満たされる欲求はシステムの欲求であって、われわれの欲求ではない。それだけに個人の欲求を消費社会存立のアリバイにしたがる。個人の差異化戦略は構造的差異化に従属しているというわけである。

消費の社会機能と組織構造が個人のレベルをはるかに越えた無意識的な社会的強制として個人に押しつけられる（中略）（消費による——引用者）享受はもはや合目的性や合理的目的としてではまったくなく、その目的が別のところにあるプロセスの個人レベルでの合理化として現われる。（中略）人びとはコード化された価値の生産と交換の普遍的システムに入りこみ、すべての消費者は知らないうちにこのシステムのなかで互いに巻きこみあっているからである。この意味で、消費は、言語や未開人の親族体系と同じように意味作用の秩序なのである。

したがって、消費とはまとまりのある「価値システム」であり、デュルケームいうところの「社会的事実」(3参照)である。強制であり、モラルであり、制度である。システムは賃金労働者として勤勉な労働者を必要とするが、消費社会=成長社会は、それ以上に消費者としての人間を必要とする。「消費の労働者」が必要なのである。だから、消費社会とは消費の仕方を学習し、訓練する社会である。人びとの生活をもっと楽にすることではなくて、人びとをゲームの規則に参加させることへ訓練するのである。こうして、消費のイデオロギーは、未開社会の身分的儀式や宗教的儀式と同じように社会全体の統合イデオロギーとなる。

†記号の合成としての個性

生産性が加速度的に増加する消費社会は、ボードリヤールによって「根源的な」疎外の時代だとされる。労働過程や物質的生産物だけでなく、文化全体、性行動、人間関係、個人の衝動にいたるまでが支配されるからである。すべての機能と欲求が客体化され、利潤との関係で操作されるだけではない。すべてが、見世物となる。つまり消費可能なイメージや記号やモデルとして編成される。記号を吸収し記号によって吸収される消費過程では、「魂も影も分身も鏡に映った像も失われてしまった。存在そのものの矛盾も、存在と外観の対立もない。記号の発信と受信があるばかりだ」。人格や個性は、記号の組み合わせであるから、個は消滅する。

小説『なんとなく、クリスタル』における透明で無機質な気分や「アイデンティティーを考える必要がない」という呟《つぶや》きも、ボードリヤールのいう産業システムがつくりだした生の営み＝記号消費というネオ・リアリティの時代を合わせ鏡にすると、腑におちてくる。『なんとなく、クリスタル』の膨大なカタログ的注釈も、本書の冒頭の商品が雑然とならべられる「ドラッグストア」の風景と相同である。

こうした消費社会の現実を非難する言説は少なくない。しかしそうした非難の言説それ自体が消費社会の神話に回収される。だとしたら消費社会からの脱出路はあるだろうか……。

中世社会は神と悪魔で均衡を保っていた。悪魔のまわりにはさまざまな異端と黒魔術（利用者が意のままに支配しようとする魔術。人類の幸福を増進させるための魔術が白魔術）の流派が組織されていたが、われわれの魔術は白い。「豊かさのなかには異端はもはや存在しえない」。消費社会は、眩暈《げんうん》も歴史もない。「予防衛生的な白さ」の社会である。「しかし」と、ボードリヤールはつぎのようにつづけて本書を結ぶ。われわれはモノが無であることを知っているから、「ある日突然氾濫と解体の過程が始まり、(中略)黒ミサならぬこの白いミサをぶち壊すのを待つことにしよう」。

Jean Baudrillard, *La société de consommation: ses mythes, ses structures*, 1970
(邦訳〔普及版〕:今村仁司・塚原史訳、紀伊國屋書店、一九九五)

Ⅳ イデオロギー・文化・社会意識

14 カール・マンハイム『保守主義的思考』（原論文刊行年 一九二七）
――保守主義は新思想

マンハイム（一八九三―一九四七）ハンガリー出身の社会学者。『保守主義的思考』は保守主義の成立と、ドイツでの屈折によるロマン主義的保守主義の誕生を描出。

†一〇〇年後予測

大正時代の『日本及日本人』という雑誌に、各界名士による「百年後の日本」（大正九年春季臨時増刊号）という特集がある。「飛行機六百人乗」や「明るい女が殖える」「女子の大臣大学総長」「平均年齢百二十五歳」「地球と火星との交通」「エスペラントが国語」などが予測されている。大正九（一九二〇）年から一〇〇年後といえば、二〇二〇年。すこし早いが、おおまかにいえば、一〇〇年後はいまである。だから、現代社会と照らし合わせてこの特集を読むとおもしろい。「飛行機六百人乗」「女子の大臣大学総長」はまああたっている。「平均年齢百二十五歳」「エスペラントが国語」はあたっていない。

当たり外れはともかく、こうした未来予測記事は、一昔前の雑誌の特集やコラムによくみかけたものである。いまとなってみれば、現実は貧しく重苦しくても、一〇〇年後社会の予測が希望をもって語られ、興味津々と読まれた時代はやはり幸せだった、とのおもいを禁じえない。

近年は一〇〇年後予測のような記事をほとんどみない。高度成長時代によくみられた「未来学」といった題名の本もほとんどみない。たしかに世の中の変化の速度が速いということもある。一〇〇年前の一〇〇年後予測に比べて、いまから一〇〇年後を予測するのは、かつての一〇〇〇年後予測ほどの想像力が必要である。しかし、それだけではない。今年より来年、そして一〇年後、一〇〇年後はよりよくなるという、進歩と成長の歴史意識が共有されていた時代と、共有されていない時代のちがいによるところが大きい。近年、進歩主義的革新思想が色あせ、にわかに保守主義への関心がましてきたことの背後には、こうした歴史意識の変容が控えている。

†伝統主義・進歩主義・保守主義

では、そもそも保守主義とはなんであろうか。本書はまず、惰性的動物といわれる人間の本性にかかわる保守主義と一定の歴史段階において登場する特定の政治思想としての保守主義を区別する。前者は未知のものや新しいものを忌避する心的素質としての保守主義であるが、マンハイムはこの種の保守主義については、マックス・ウェーバーの用語を踏襲して「伝統主義」(6参照)と呼び、保守主義という用語を、後者の一定の歴史段階において登場する政治思想に限定して使用することを提案している。伝統主義的行為は「反応的行為」であるが、保守主義は「意味指向的行為」だからである。

そうはいっても、「伝統主義」と政治思想としての「保守主義」は無関係ではない。伝統主義が「反省的になったもの」が保守主義であるからだ。しかし、その転換には、きっかけが必要である。きっかけとなったのが、フランス革命と進歩主義思想だった。

イギリスの政治家・思想家エドマンド・バークは、バスティーユ牢獄の襲撃(一七八九年七月一四日)で幕がきっておとされたフランス革命とその思想に「愚行」と「野蛮」をみることで、保守主義思想を開拓した。バークはこういう。制度の基礎は歴史であり、なかんずく慣習や文化に埋め込まれた智恵、つまり伝統である。だから、フランス革命で標榜された自由や平等のような抽象的・普遍的理念にもとづく革命は挫折を運命づけられているのだ(『フランス革命についての省察』岩波文庫)、と。バークの言明にみることができるように、保守主義は、進歩主義思想の台頭に触発されて、伝統の再解釈によって、近代に生まれた思想であることに注意しなければならない。ヘーゲルのいう歴史的現実についての観念がそうである（『法の哲学』序文）ように、保守主義的思考の場合も、ミネルヴァの梟《ふくろう》は、夕闇がたちこめてはじめて飛びたつのである。

さらに保守主義と進歩主義は単に政治的立場がちがうということにとどまらない。思想の底礎となる体験と思考様式が大きく異なっている。保守主義的な体験と思考とはつぎのようなものである。

> 直接に現存するもの、実際的に具体的なものへの執着である。ここから、具体的なものに対する新式の、いわば感情移入的体験が生まれるのであるが、当時「具体的」という言葉が反革命の標識として用いられていたことのなかにその反映を示すことができる。具体的に体験し、具体的に思考するということは、いまや、人間がおかれている一定の直接的環境における特殊な態度、独自な活動意欲——一切の「可能的なもの」、「思弁的なもの」に対する極端な嫌悪を意味する。

抽象的な理念ではなく、現存する具体的なものを愛好するのが保守主義の特徴である。建築の例でいえば、進歩主義は設計図によって合理的な関連を探り、それをもって家をつくろうとする。それに対して保守主義は、具体的な生活の隅々を考察することで家をつくろうとする。

したがって進歩主義的思考は、事物・人間・制度を「機械」のように扱い、合理的な思考の対象とする。保守主義的思考は、それらを「生命体」として直感的・解釈的に接近する。進歩主義は事物・人間・制度を「当為」からみるのに対し、保守主義は自然にそうなった「存在」としてとらえる。進歩主義者は、「当代の環境の直接ここにある現実」に愛がないのに対し、保守主義者は「甘んじて受け容れる」愛憐をもつ。進歩主義者の体験と評価は「制度の全体に向けられる」のに対し、保守主義者のそれは「個々の事物に執着する」。このようにみてくれば、社会科学者（理論信仰）に進歩主義者が多く、文学者や芸術家（実感信仰）に保守主義者が多いことも納得されやすい。「歴史を貫く筋金は、僕等の愛惜の念というものであって、決して因果の鎖という様なものではない」という小林秀雄の言明（『歴史と文学』）が想起される。

進歩主義と保守主義は時間体験もちがっている。進歩主義は現在を未来の発端として体験し、保守主義は現在を過去の終局段階として体験する。「それに対応して、存在つまり『今ここ』にある現実は、いうまでもなく、もはや『悪しき現実』としてではなく、意味に満ちたものとして体験される」（マンハイム『イデオロギーとユートピア』高橋徹・徳永恂訳、中央公論新社)。冒頭で、進歩主義の終焉を歴史意識との関係で述べたが、まさに、時間意識が進歩主義と保守主義の背後に控えている。

†ロマン主義的保守主義から保守革命へ

こうしていよいよフランス革命という外からの衝撃が一九世紀初頭ドイツという独自の歴史的・精神的生活空間においていかなる方向に「屈折」されたかという知識社会学的分析がなされる。ここでいう知識社会学とは、思考(思想)を孤立的に抽象の高みから純論理学的に分析するのではなく、「(思考や思想を──引用者)生みだすところの歴史的・社会的状況の具体的仕組みをとらえ、そのなかで思考を理解する」(マンハイム『イデオロギーとユートピア』英語版序文、前掲訳書)社会学である。

フランスでは、革命は支配者と人民との対立となった。革命は、貴族、国王、教会の間に防衛同盟をもたらした。しかし、ドイツでは、社会の組み立てがちがっていたことによってフランス革命はイデオロギーとしてだけ影響をあたえた。ドイツにおこったのは、貴族と官僚の間のそれまでの同盟の弛緩と解体である。貴族と文筆知識人の同盟によるロマン主義的保守主義がその帰結であった、という。

啓蒙主義(進歩主義)は世界像を理性によって合理的に一貫するものにしようとしたが、

その過程でふるいおとされた生命的要素が統一体として凝結した。それがロマン主義である。ロマン主義とは、ドイツの詩人ノヴァーリスによれば、つぎのようなものである。マンハイムはロマン主義について、これ以上適切な定義はないとしている。

> 世界はロマン化されねばならない。それによって人は再び〔世界の〕本源的意味を見出すのである。ロマン化はひとつの質的強化にほかならぬ。このような操作において、われわれの低い自我は、より高い自我と一体化する。というのは、われわれ自身がかかる質的な力の系列だからである。この操作は、まだまったく知られていない。俗悪なものに崇高な意味を、平凡陳腐なものに神秘的な容姿を、既知のものに未知なものの威厳を、有限なるものに無限の光輝をあたえることによって、わたしはそれをロマン化する。

貴族とその同盟者である文筆知識人は、重圧下にあった身分的意欲をロマン主義という精神的手段によって修復し、ロマン主義的保守主義を花ひらかせる。ロマン主義が身分的になり、旧身分的思考がロマン主義的になったのである。フランス革命の衝撃でドイツに生まれたロマン主義的保守主義は、官僚的合理主義とブルジョア的合理主義への対抗論理や運動となった。知性より感情を、理性より想像力をいうロマン主義的保守主義は、ベルクソン（一八五九―一九四一）の生の哲学に受け継がれ、他方では、ソレル（一八四七―一九二二、フランスの思想家）の『暴力論』などをつうじてサンジカリズム（労働組合がゼネストによって社会革命をおこなう）やムッソリーニ（一八八三―一九四五、イタリアの政治家、ファシスト独裁体制をしいた）の生命哲学にもなった。

本論文が書かれたのが一九二七年。その六年後、ナチスが政権を獲得し、怒濤のように世界侵略を開始する。ナチスは、ロマン主義的保守主義を継承したが、科学や技術などの進歩主義を積極的に組み入れた。マンハイムが本論文を書いたときにはおそらく想定外だった非合理主義とモダニズムを統合した保守革命（反動的モダニズム！）が立ち現れたのである。

Karl Mannheim, *Das Konservative Denken: Soziologische Beiträge zum Werden des politisch-historischen Denkens in Deutschland*, 1927
（邦訳：森博訳、ちくま学芸文庫、一九九七）

15　ベネディクト・アンダーソン『想像の共同体』（原著刊行年　一九八三）

――ナショナリズムの誕生と伝播

アンダーソン（一九三六―二〇一五）英国出身、在米の政治学者。『想像の共同体』は、ナショナリズムのしくみを文化理論から読み解く。

†橋川文三の奇妙な「あとがき」

わたしのもっとも好きな学者のひとりが橋川文三（一九二二―八三、もと明治大学教授、日本のファシズムやナショナリズム研究家）である。学者というより文士に近いかもしれない。大正のテロリスト朝日平吾（安田財閥の首領安田善次郎を刺殺）の来歴や心情を掬《すく》い上げ、明治とはちがう大正・昭和の空気を読み、昭和期におけるファシズムの変質を描いた作品（「昭和超国家主義の諸相」橋川文三編『現代日本思想大系31　超国家主義』筑摩書房）には、大きな感動を覚えたものである。この橋川に『ナショナリズム』（紀伊国屋新書）という著書がある。この本の「あとがき」は随分かわったものである。「眼高手低はおろか、山中のブッシュの中をただやたらに彷徨するハイカー同様の有様となってしまった」「どこかで計画と目測を間違ったために、御覧のような均斉のとれない、中途半端な記述におわった」などといっているところは、まあ過度の謙遜ともうけとれる。が、つぎのようなところにいたると、謙遜にしては度がすぎるようにおもえてくる。「そういう敗退の記録であるから、ここには慣例のような種々のアクノレジメント（謝辞―引用者）は一切記さない。記されない方が迷惑だろうからである」（傍点引用者）。

鬼才橋川にかくも奇妙な「あとがき」を書かせてしまったのは、「ナショナリズム」というとっかかりやすいようで、どうにも処理できない深い謎を秘めたテーマによるところが大きいであろう。本書（『想像の共同体』）は橋川が亡くなる年に刊行されている。橋川がこの本を座右におくことができたら、橋川のナショナリズム研究はもうすこしちがっていたかもしれない。ナショナリズム研究のブレークスルーをなした画期的作品であるからだ。

†想像された政治共同体

ブレークスルーにふさわしく、本書は、国民《ネーション》やナショナリズムにまつわる問題を「ファシズム」や「自由主義」と同列にあつかう常套思考から離れることを提唱する。国民国家（ネーション・ステイト）を構成するものを、具体物としての国民でも、言語や民族の起源でもなく、「イメージとして心の中に想像された政治共同体」とする。というのは……。

いかに小さな国民であろうと、これを構成する人々は、その大多数の同胞を知ることも、会うことも、あるいはかれらについて聞くこともなく、それでいてなお、ひとりひとりの心の中には、共同の聖餐《コミュニオン》のイメージが生きているからである。

アンダーソンは、想像の共同体としての国民という思考様式の原型を、イスラーム共同体やキリスト教世界などの宗教共同体とハプスブルク王朝などの王朝をめぐる想像の共同体にもとめる。宗教共同体は、聖書のラテン語、コーランのアラビア語のような「聖なる言語」を媒介にして自らを宇宙の中心とする想像の共同体をつくっていた。王朝は宇宙的摂理にもとづいて高く聳え立つ王のもとに自然に組織されているという想像の共同体だった。しかし、経済的発展、社会的・科学的諸発見、加速化するコミュニケーションのなかで、宗教共同体や王朝をささえる基本的文化観念（宇宙論的秩序）が崩れていく。
かくて新しい想像の様式が必要だったが、この再編に大きな役割をはたしたのが出版資本主義（プリント・キャピタリズム）である。「出版語」によって多くの人々がまったく新しいやりかたで自らについて考え、自己と他者を関係づけることが可能になった。フランス語や英語、スペイン語といっても口語は多様であり、会話では、おたがいを理解することが困難だったが、印刷物によってかれらは相互に了解できるようになった。そして、

この過程で、かれらは、かれらのこの特定の言語の場には、数十万、いや数百万もの人々がいること、そしてまた、これらの数十万、数百万の人々だけがこの場に所属するのだということをしだいに意識するようになっていった。出版によって結びつけられたこれらの読者同胞は、こうして、その世俗的で、特定で、可視的な不可視性において、国民的なものと想像される共同体の胚を形成したのである。

しかし、出版語は、共通の言語によって読者同胞をただちに国民（国家）化したわけではない。新聞や近代小説が異なる場所で同時進行する出来事を併存させる「均質で空虚な時間」（ベンヤミン）観念をもたらしたということが重要である。

近代小説においては、読者は、まるで全知の神のように、AがCに電話し、Bが買物をし、Dが玉突きをするのを、すべて同時に眺めることができる。

これらすべての行為が、時計と暦の上で同じ時間に、しかし、おたがいほとんど知らないかもしれぬ行為者によって行われているということ、このことは、著者が読者の頭の中に浮かび上がらせた想像の世界の新しさを示している。

このような想像様式は、世界を出来事のひろがりとして思考するということであり、国民国家という均質空間に対応した思考様式である。あるひとりのアメリカ人はなるほど国民国家の成員ではあるが、一生のうちで会い、知る人の数は限られている。にもかかわらず、彼は、匿名のアメリカ人の同時的な活動について確信している。

†さまざまなナショナリズム

以上をナショナリズム原論としながら、世界史的に国民国家の登場をみていくことになる。一八世紀の南北アメリカに生じた「クレオール・ナショナリズム」、一九世紀のヨーロッパの「民衆言語ナショナリズム」、ひきつづいて「公定ナショナリズム」が抽出される。

クレオールとは、ヨーロッパ系の出自をもつが、南北アメリカ（やがてはヨーロッパ以外の全地域）で生まれたものをいう。イギリスやスペインなどのヨーロッパの本国にわたることなく、植民地での官職を遍歴したクレオール・エリートによる南北アメリカの革命や独立共和国の成立は、出版資本主義に伴走されたクレオール・ナショナリズムによるものだとアンダーソンはいう。

ヨーロッパの民衆の言語ナショナリズムは、南北アメリカのクレオール・ナショナリズムに刺激され、俗語が国民的出版語となることによる民族主義である。南北アメリカの独立やフランス革命についての出版物がモデルとなり、その「海賊版」が作成されたのだ。公定ナショナリズムは民衆言語ナショナリズムの台頭によって権力を脅かされた王朝や貴族による応戦のための反動ナショナリズムである。インド人のイギリス化などのように、古い王朝帝国と新しい国民原理とを暴力的かつ意識的に「溶接」し、自らの権益を維持しようとするものである。

ナショナリズムの最後の波はアジア、アフリカの植民地に湧き上がった。ここにはクレオール・ナショナリズム、民衆言語ナショナリズム、公定ナショナリズムが複雑にいりくんでいる。

ナショナリズムの切り口そのものが斬新であるだけでなく、「想像の共同体」はいうまでもなく、「巡礼」「言語学・辞書編纂革命」「海賊版の作成」「モデュール」（規格化され独自の機能をもつ交換可能な構成要素）など応用範囲の広い文化分析のコンセプトがちりばめられている。「想像の共同体」は、メディア史などにおいて読者共同体（面識がなくても出版物をとおしてうみだされるわれわれ感情）を同定するために使用されることが多い。総合雑誌をつうじての「論壇」、文学雑誌をつうじての「文壇」などの読者共同体、さらには青年雑誌をつうじての「青年」共同体、少女雑誌をつうじての「乙女」共同体などがこれである。

アンダーソンは、本書の冒頭でナショナリズムというイズム（主義）の領域は、ホッブズやトクヴィル、マルクス、ウェーバーに比肩するような思想家を生み出さなかったことによって、政治的影響力の大きさに反して「哲学的に貧困で支離滅裂だ」としているが、本書がナショナリズム論の名著であることは疑いえない。橋川文三に読んでほしかった書物である。

Benedict Anderson, *Imagined Communities: Reflections on the Origin and Spread of Nationalism*, 1983
（邦訳〔定本〕：白石隆・白石さや訳、書籍工房早山、二〇〇七）

16 ピエール・ブルデュー『ディスタンクシオン』（原著刊行年 一九七九）
――中間階級文化の哀しさ

ブルデュー（一九三〇―二〇〇二）仏の社会学者。『ディスタンクシオン』は階級や格差を再生産する「文化資本」概念を彫琢。

†階級社会と学歴社会

英国の著名な社会学者ホールジー（A. H. Halsey）は、「階級にとりつかれた社会」（a class-ridden society）をキーワードにして英国社会論（『変貌する英国社会』*Change in British Society*, 1986）を展開している。わたしも英国に滞在していたときに、「妻は典型的な中流階級出身だが」というように、「階級」（class）という言葉が日常会話でつかわれることに驚いたものである。

日本で「階級」という言葉にかわってよくつかわれるのは、「学歴」（が高いとか低い）のほうである。「階級社会」や「階級支配」よりも「学歴社会」や「学閥支配」がリアリティのある用語でありつづけた。だからこそ日本社会論は、しばしば学歴や立身出世の視角から展開されてきた。

しかし、一九八〇年代半ばに、賃金などのフロー面ではともかく資産や貯蓄などのストック面での格差がひらきはじめていることを示唆する『新「階層消費」の時代』(小沢雅子)や、㊎と㊛という用語を流行語にした『金魂巻』(渡辺和博とタラコプロダクション)があらわれ、反響を呼んだ。政治家や高名な学者、スター俳優などの子どもが同じ地位につくというジュニア(二世)現象もこのころからとりあげられるようになった。格差社会も社会問題となっている。学歴や立身出世にとりつかれることによって、死角になった「階級」問題が浮上してきたのである。

†文化資本

こうした階級現象を生産し、再生産しているものはなにか……。本書は、それを文化資本だという。文化資本は、家庭や学校などで相続されたり、獲得されることによる有形無形の文化的所有物であるが、経済資本と同じように蓄積可能性と他の資本への変換可能性によって利益を生み、卓越化を可能にさせる。文化資本は、知識、教養、嗜好などの「身体化された文化」から、書物や絵画などの「客体化された文化」、そして学歴や資格などの「制度化された文化」までにわたる。

　富めるものがますます富むプロセスは、家庭によって相続された文化資本が教育達成（学力や学歴）に有利なコードとなることによって生じる。上層階級の家庭には「正統」文化が蓄積されているからである。正統文化とは高級で価値が高いとみなされる文化である。クラシック音楽や古典文学は正統文化であり、演歌や大衆小説は正統文化から距離がある。学校で教育されるのは文化一般ではなくこうした正統文化である。上層階級の子弟は家庭で（正統的）文化能力の相続がおこなわれる。家庭の文化資本は、文化資本の制度化された形態である学歴資本に変換される。さらに、学歴資本は社会的地位に変換されることによって経済的利益を生みだす。

　このような迂回、つまり文化や教養による階級の再生産構造が事態を巧妙に隠蔽する。文化の相続は財産や貨幣、貴族の称号のように即座に相続されない。長い時間が必要である。それゆえ上流階級の文化的能力は、相続というよりも獲得されたもの、あるいは能力や才能として誤認されることで認承される。「やっぱり毛並みのイイ人は、趣味がよい、頭がよい」という解釈がこれである。

　デュルケーム（3参照）などこれまでの社会学者は文化の社会統合機能に着目したのに対し、ブルデューは文化の支配／服従作用に着目している。文化や教養という無償の行為が、実は、物質的・象徴的利益の最大化にむけての実践であり、階層化や選別に関与しているという文化の政治経済学（象徴支配）を明らかにしたのである。

むろん、相続され、身体化された文化資本が欠如していても、努力や才能によって学歴資本の獲得は不可能ではない。しかし、幼いときから家庭で無意識的かつ体験的に正統文化を習得する文化遺産相続者と学校制度をつうじて正統文化を意識的かつ系統的に習得する文化遺産非相続者では、学歴資本の獲得様式の残存効果によって文化的実践が大きく異なってくる。文化遺産非相続者、つまり学校制度によってだけ習得した正統文化はぎごちなく「紐のとおっていない数珠玉《じゅずだま》のようなもの」であるからだ。

文化遺産相続者は「文化貴族」であり、文化遺産非相続者は「文化成り上がり者」で、そのいずれにも属さない者は「文化庶民」ということになる。文化貴族の文化資本とはそれが生まれながらのものであるだけに身分資本ともいえるべきものである。ブルデューはこういう。

この身分資本は、テーブルマナーや会話術、音楽的素養、礼儀作法、テニスをすること、言葉の発音などといったさまざまな文化習得に関して、正統的文化を早期に身につけているがゆえに得られるもろもろの利点によって倍加される。先行世代の身体化された文化資本は、一種の有利さ＝前払い《アヴァンス》（はじめから備わっている利点という意味と、信用貸しあるいは手形割引という、二重の意味において）として機能し、そのおかげでこの家に新たに生まれた者は、自分にとって親しみ深いモデルのうちに実現された文化の例をはじめから一挙に与えられ、生まれたそのときからすぐに、すなわち最も無意識的で最もそれと感じられないようなしかたで、正統的文化の基本要素を身につけはじめることができるのであり、不適切な習得形態をとった場合におこる不都合を修正するために必要な脱教養化、矯正、補正などの作業をしなくてすむのである。

しかし、ブルデューの階級論は、文化資本を経済資本に代替したのではない。文化資本と経済資本のズレをも組み込んで編成されている。資本総量と資本構成比とを区別して組み合わせることによってつぎのような階級の社会空間が描かれる。

労働者階級と比べれば大企業経営者も大学教授も資本総量は大きいという点で同じ側に属する。しかし、大企業経営者と大学教授を比べれば大企業経営者は経済資本の比重が、大学教授は文化資本の比重が大きい。つまり資本構成が異なっている。こうして階級の社会空間が構成される。縦軸は資本総量の多寡、横軸左は資本構成で文化資本＋（プラス）経済資本－（マイナス）、横軸右が文化資本－経済資本＋という四象限空間である。大企業経営者はこの社会空間では、右上方になり、大学教授は左上方になる。自由業や上級技術者がその間に位置する。小学校教員は、資本量は中位であるが、文化資本＋経済資本−であるから、社会空間で真ん中左よりになる。小商人は真ん中右よりになる。一般技術員や商店員は、小学校教員と小商人の間に位置する。これらより下方に位置するのが労働者や農民である。

上方のブルジョア階級文化は経済的必要から免れているだけに「自由で贅沢な」趣味となり、反対に下方の庶民階級は、実用に緊縛された「必要」趣味になる。両者の中間にある中間階級は、庶民階級との差異化と上昇志向に拘束され、「ちょっとでも文化らしく見えるものに対しては一応何でも畏敬の念を抱き過去の貴族的伝統にたいしてよく考えもせずに崇拝を捧げる」「文化的善意」の人となりがちである。

さらには、社会空間の第三の次元——世代間と世代内の移動形態——にもふれている。同じ大学教授でも、大学教授の子どもが大学教授になったのか、労働者階級の子どもが大学教授になったのかの社会的軌道（世代間の移動形態）が振舞い方などのハビトゥス（身体化された文化）のちがいをもたらす。本人自身についても小経営者から大企業経営者になったのか、官僚から大企業経営者になったのか（世代内の移動形態）も同じような社会的軌道効果をもつ。ニーチェはこういっている。学者の特異体質のなかに学者の前歴や家族を見当てることができるとして、「弁護士の息子は、学究として身を立てても、弁護士であるしかないだろう」(『悦ばしき知識』)、と。

†宙づりという特権

ブルデューは、フランス南西部の村で、郵便局職員の子どもとして誕生した。地方の庶民階級出身である。勤勉で勉強がよくできたブルデューはパリの秀才児の集まる有名リセに進学し、一九五一年、エコール・ノルマル・シューペリウール(高等師範学校)に入学する。しかし、入学し、周囲を眺めるにおよんで、エコール・ノルマル・シューペリウールをはじめとしてグランド・ゼコールにはパリ居住の特権階級の子弟が多いこと、自分のように地方の庶民階級出身の学生は少ないことに気がつく。文系ノルマリアン(エコール・ノルマル・シューペリウールの在学生・卒業生)は、古典語の習熟が不可欠であるため、幼少時から洗練された言語能力を身につけていることが必要である。したがって、文系ノルマリアンは、都市の教養ある家族、つまり高級官吏・自由専門職・大学教授などの家庭出身者が多くなるのである。

ここでブルデューには二つの道があったはずである。ひとつは「託身僧」(oblate)への道である。託身僧とは、宗教制度によって恩恵を受け、引き上げられたが故に当の宗教制度に全面的に身を捧げ、執着し、システムを忠実に再生産する者をいうが、転じて学校制度に拾われ加護を受けたが故の学校制度への忠誠者をいう。しかし、ブルデューは、この道を歩まなかった。フランスの文化貴族の殿堂であるエコール・ノルマル・シューペリウールの場違いなよそよそしさを学問のパン種にしたからである。ブルデューはあるところで、こういっている。

私は大学の幸福な構成員であったことはないし、修業期間においても、奇跡に直面した修道僧の驚き、といったものを体験したことはない。(30より再引用)

ブルデューは場違いという宙吊り状態経験を学問的に深化させることで、ブルジョア文化と密通している正統文化のからくりを暴き、階級現象を徹底解剖した。宙吊り状態は鋭い心理的葛藤をもたらすが、反省的な意識を活性化し、文化や社会の自明状態から抜け出させ、認識論的なアルキメデスの地点に立たせることにもなる。ブルデューは宙吊り状態という立ち位置を、学者としての特権にしたのである。

Pierre Bourdieu, *La distinction: critique sociale du judgement*, 1979
(邦訳〔I、II〕:石井洋二郎訳、藤原書店、一九九〇)

17 作田啓一『価値の社会学』（一九七二）
——「はにかみ」という美しい文化

作田啓一（一九二二—二〇一六）日本の社会学者。『価値の社会学』は近代日本の価値の類型を社会システムとの相関で分析。

†引き込まれた授業

もう大分昔のことだが、ある週刊誌で映画評論家の佐藤忠男が本書に先立つ五年前に刊行された著者の『恥の文化再考』（筑摩書房、一九六七）を書評していた。この本（『恥の文化再考』）を読んではじめて社会学というのは、おもしろい学問だということを知った、というような趣旨だった。かなり昔の短い文章をいまでも覚えているのは、佐藤忠男の感想が著者の研究に対する当時のわたしの印象とぴたりと重なったからである。

わたしが大学に入学したころは、アメリカ社会学の全盛期で、中でもタルコット・パーソンズ（一九〇二—七九）の社会学理論が著名だった。パーソンズの社会学理論は、社会システムと行為システム、パーソナリティ・システムを役割概念や文化（規範）システム概念で統一的に説明しようとする一般理論であり、型の変数とか価値志向の体系、AGIL図式（後述）などの抽象度の高い概念で構成されていた。日常的な思考から距離があるだけに、難解な社会学理論だった。

日本の社会学者によるパーソンズの解説書や論文も手掛かりにしようと読んでみたが、理解の助けにはならなかった。助けにならなかったどころか、パーソンズの原書よりも輪をかけてわかりにくかった。十分理解していないことを、さも原書に忠実であるかのようにそのままなぞった書き方をしているからである。社会学というのは、おもしろくない学問だとおもいかけていた。

そんなとき——大学二回生（一九六二年）——、著者の授業（教養課程の社会学）を受講して、社会学の印象が一変した。一時限目のせいもあったとおもうが、広い教室に受講生は五、六人だった。先生の講義は、いま考えていることを話しているといったもので、やさしい社会学入門ではなかった。二回生には難解だったが、先生の思考のあとをおいかけているような気持ちがして、しだいに引き込まれていった。

†タテマエとホンネ

あとでわかったのだが、このときの講義で話されたことが、翌年「価値と行動」という表題で『今日の社会心理学5　文化と行動』（培風館）に収められた論文だった。本書の「Ⅲ　価値の制度化と内面化」と「Ⅶ　価値体系の戦前と戦後」は、それに加筆したものである。

本書は理論編（第一編「社会的価値の理論」）と分析編（第二編「日本社会の価値体系」）から構成されている。ここでは、分析編の「Ⅶ　価値体系の戦前と戦後」を中心に、理論編の「Ⅲ　価値の制度化と内面化」をくみいれながら紹介していくことにしたい。

「Ⅶ　価値体系の戦前と戦後」の前半部「価値の二重構造——タテマエとホンネ——」は、日本社会の価値システムと社会システムの接合の問題にふれている。このふたつのシステムはそもそも葛藤をはらんでいる。価値（「望ましさ」）はどのような状況に対しても一貫することを要請するが、行為の体系である社会は外部の環境と交渉しながら存続していかなければならないという現実的要請があるからである。両者（価値システムの一貫性と社会システムの現実的要請）の衝突の部分からホンネとタテマエが分岐していく。だから、タテマエとホンネの分離は、どこの社会にもあることで、問題とされるべきはその分離の特殊形態である。

たしかに近代日本では、アジアの他の社会にくらべると伝統的価値（集団主義や親分子分関係による恩情主義など）の近代的価値（個人主義や民主主義など）に対する抵抗力が弱く、近代的価値はタテマエとして許容され、伝統的価値はホンネとして使い分けられたが、その使い分けが意識的で目的合理的かといえば、そうではない。タテマエの姿をしたホンネとホンネの姿をしたタテマエという「前論理的な相互浸透」に特徴がある、という。

著者はそうした使い分けについて、太宰治の『人間失格』に登場する堀木という俗物に焦点をあてて、こういっている。堀木はボヘミアン・スタイルをとりながらも、私生活では、しんからの親孝行息子のように振舞っている。しかし、ヨーロッパの近代小説では俗物の典型は堀木の逆タイプに見出される。

それは（ヨーロッパの小説におけるスノッブ——引用者）、あらゆる状況においてタテマエどおりにしか動きえない人物であり、状況の微妙なニュアンスに鈍感なタイプである。G・フロベールのボヴァリー氏はその見事な典型であると言われた。（中略）しかし日本の近代小説においては、この種のスノッブは典型化されていない。それどころか、俗物のもっとも生き生きとした造型の一つである堀木の場合、それは世間の表と裏を知り抜いた、人情の機微に通ずる人物として描かれている。そして、スノッブではないところの、つまりマイノリティに属するところの主人公は、一本調子の「外と内との使い分け」のできない人物なのである。

なるほど夏目漱石の小説(『坊っちゃん』)における「坊っちゃん」は反俗であり、「学校というものはなかなか情味があるもので、そう書生流に淡白にはいかないですから」と坊っちゃんをたしなめる「赤シャツ」や「狸」が俗物である。

†業績・貢献・和合・充足

この章(「価値体系の戦前と戦後」)の後半部(「価値体系の構造と変動」)は理論編(「価値の制度化と内面化」)での所説が分析枠組になっている。著者は価値を「ほしいもの」ではなく、「望ましいもの」としてとらえる。とすれば、価値は全体としての社会の要求に合致することで「望ましいもの」となる。そこで社会の要求を特定化しなければならない。それに対応して価値(望ましいもの)の類型が構成可能になるからである。社会の要求をタルコット・パーソンズのAGIL図式によって抽出することになる。

AGIL図式とは、システムが存続するために充足しなければならない機能的要件(社会の要求)を列挙したものである。A(Adaptation 適応)は資源を外部から調達して外的状況に適応しなければならないという機能的要件である。G(Goal-attainment 目標達成)

は、調達された資源をもとに目標を達成するという機能的要件である。I（Integration 統合）は、システムの諸単位間を統合するという機能的要件である。L（Latency 潜在性）は、緊張処理と型の維持（動機調整）という機能的要件である。AGILは、国民国家から企業、小集団までいかなる社会システムについても適用される機能的要件の一般理論である。国民国家レベルでいえば、「適応」は経済が、「目標達成」は政治が、「統合」は法律や道徳が、「緊張処理・型の維持」は家族や文化が担当していることになる。

文化的価値はこの四つの活動と両立するような仕方で制度化されていく。それぞれの基準から導かれる価値が「業績」（適応次元）「貢献」（目標達成次元）「和合」（統合次元）「充足」（動機調整次元）とされる。

この分析枠組から戦前と戦後の日本の価値システムの動態と変動が描かれている。戦前は貢献価値や和合価値と両立する範囲でのみ認められていた弱い充足価値が戦後肥大化してきたが、肥大化によって一種の無秩序《アノミー》状態がおこっている。だから、充足価値の肥大化に対して貢献価値を戦前のような形で、教育を通じて国民に注入しようとする動きがつよまった。しかし、それは「左に傾いた秤を右に逆転させようとする強制作用」にすぎない。むしろ「和合価値」・「業績価値」が、「貢献価値」・「充足価値」の間を今後どのような形で媒介するかが問題であるという。さらに価値の葛藤こそ社会のノーマルな状態であるという考えに立ち、高い許容水準で最適統合する社会をどう構築するかが大事であるという。六〇年代に書かれた論文であるが、私（充足）と公（貢献）という常套的二項対立論議をのりこえる視点としていまでも示唆的である。

また、「Ⅷ　恥と羞恥」では、罪は個人の内部にある規制原理で、恥は個人の外側にある規制原理であるというルース・ベネディクト（文化人類学者、一八八七―一九四八）の「恥の文化」論（『菊と刀』）を「羞恥」（恥じらい）に着目することで再構成する。ベネディクトのいう「恥」は所属集団を準拠にしての優劣感情（公恥）によるものだが、「羞恥」は、所属集団をこえた準拠集団などの視点から生じる恥じらい感情（私恥）である。「羞恥」という恥の変化型を組み入れることで、「罪の文化」と「恥の文化」という単純な二分割法ではなく、罪と恥の中間に「羞恥」が位置づけられる。著者はこういっている。

はにかみがちな日本人は事大主義や権威主義にたいして、無為の立場から消極的に抵抗してきた。その伝統は未来につながるものとして再評価に値するだろう。

本書は一九五〇年代から六〇年代初期の社会システム論の影響のなかで書かれたものであるが、外国産の社会学概念を機械的に応用するのではなく、自家薬籠中のものにして、近代日本の深層構造を鮮やかにあぶりだしている。「見慣れたものの意味が変容する」社会学的興奮（1参照）の好例である。新資料の発見ではなく、社会学的分析枠組の鋭さと深さによっておこなわれている。同時に社会学の既存概念を根本から考え直し、再構築している。こうした創見が文学作品の深い読解から汲みだされていることも興味深い。わたしが二回生のとき著者の授業に引き込まれた力はこういうことだったのだ、といまにしておもう。

（岩波書店、一九七二）

18　姫岡勤『家族社会学論集』（一九八三）

――義理と人情の相克

姫岡勤（一九〇七―七〇）日本の社会学者。『家族社会学論集』は近世封建社会における社会意識研究を収めている。

†恩師

読者のなかで著者の名前を知る人は、多くはないだろう。略伝は『近代日本社会学者小伝』（勁草書房）などでみることはできるが、実はわたしの学部、大学院時代の指導教授だった。

先生は、近世封建社会における社会意識や家族社会学を中心にした、燻《いぶ》し銀のような実証的研究を残し、晩年まで研究に倦《う》むことがなかった。本書の編者も言及しているように、先生にこういうテーマで研究したいというと、「自分が考えているようなことは、すでに誰かが書いているものだ。よく文献をさがしなさい」といわれたものである。先生は、ふだんは口数が少なかったが、お酒が入ると、寸鉄人をさす月旦評《げったんひょう》が冴えわたった。同僚教授を名指し、「あれは学者などにならなくて、○○のような職についたほうがよかったのだ」とか、あるいは大学院生を「研究者として大成したいなどと考えずに、よい教育者になりなさい」などときびしかった。しかし、先生は自分の自慢めいたことはいっさいいわず、御自身の研究にもきわめてきびしかったから、説得力があった。

†好意に対する返し

本書は、先生の一三回忌を記念して、故人の薫陶《くんとう》をうけた上子武次（大阪市立大学名誉教授）によってまとめられた論文集である。巻頭に収められているのが、「義理の観念とその社会的基礎」。この論文は一九四四年、第一号として刊行された日本社会学会の学術誌『社会学研究』に掲載されたものである。そこから半世紀ほどたって、社会学者安田三郎はこの論文についてこう評している。「戦前戦後を通じて、義理の社会的研究として最も重要なものは、姫岡の大論文であろう。これは戦前の日本社会学の最高水準を行く研究であるといっても過言ではない」（「義理について」『現代社会学』一号、一九八〇）。恩師だからといって、恩や義理で名著に選んだわけではないのである。

本論文が発表された（一九四四年）ころは、現在からくらべれば、はるかに義理や人情という言葉が日常語として使用されていたが、それでも義理のしがらみという言葉に対して、つらさややるせなさを身にしみて感じるというわけではない時代になっていたのだから、義理の衰退期である。だとしたら、義理とはなにかを知るには全盛期をみなければならない。「満開の華の美しさは蕾ではいまだ全貌は分からず、萎んだ華からは推し測れない」。全盛期である近世封建社会の人々の胸のうちにはいって明らかにしなければならない。といっても、当時の人々はもうこの世にいないから、近松や西鶴、教訓書、随筆などを資料としてその意識を探ることになる。

本論文が「社会学的」社会意識研究であるのは、義理を近世封建社会の独特な社会関係をもとにして解いていることにある。その社会関係として抽出されたのが、武士の主従関係にみられる垂直的社会関係、そして村落民の隣交関係である水平的社会関係である。前者は上下関係における義理、後者は平等関係における義理の特徴をあらわしている。

前者の主従関係からみていこう。近世封建社会は戦闘がなくなった太平の世である。主君と従者の間に運命共同体感情が薄れ、相互を分立する反省の亀裂が入った社会である。従者の主君への没我の献身はなく、報恩（主君の恩＝知行）に義務の感情がはいる。かくて報恩が義理となる。義理の根が四方にはびこるのである。

後者の隣交関係にもとづく義理はこうである。村落はひとつの統一的な有機体であり、高度の自治制をもっていた。相互扶助の範囲も大きかった。しかし、家族のような一体感があるわけではない。だから隣交関係は全面的でありながら、併立的（自他の分立）でもあった。世間への義理が生じやすい社会関係だった。また頻繁なつきあいは、特定個人への義理を生じやすくした。

こうして近世封建社会の社会関係に義理の温床をさぐりあて、義理の形態をつぎのようにまとめている。

（1）好意に対する返しとしての義理
（2）（約束の義理や言葉の義理のような）「契約」（契り約する）に対する忠実としての義理
（3）信頼に対する呼応の義理
（4）道義としての義理（武士的道義・町人的道義・農民的道義）

以上の四つの義理のうちもっとも重要で一般的なものが「好意に対する返しとしての義理」で他の三つの義理形態はこれに帰着させて考えることができるとしている。好意に対する返しとしての義理は、返しの対象が「世間」であるか、「個人」であるかによって区別される。さらにそれぞれ（世間か個人か）は、「積極的」か「消極的」か、そして、積極的と消極的はさらに行為者の心情にたちいって、「自発的」か「非自発的」かによって区別される。好意への返しが消極的とは、相手に対して不利益になる行為をさしひかえたり、自らが不利益をひきうけ相手に禍をおよぼさないなどである。非自発的とは、好意などの返しが社会意識の強制力にしたがったものである。世間への義理の場合、非自発的なものが多い。道義としての義理の非自発性の例は義理としての仇討ちである。

「もっとも自発的な義理といってもそれが一つの社会意識であるかぎり、社会意識としての広い意味における『拘束性』をもっている」「反対に非自発的な義理行為も内心の反対があるにもかかわらずかかる行為に出たという意味において『自発的』な行為であるといい得ないことはない」。だから、自発性と非自発性とは程度の問題ではあるが、分析的に区別するのだ、と著者は周到な注意をうながしている。そのうえで、自発的な義理は下からの義理であり、非自発的な義理は上からの義理とし、義理と人情の相

好意に対する返し
- 世間
  - 積極的
    - 自発的
    - 非自発的
  - 消極的
    - 自発的
    - 非自発的
- 個人
  - 積極的
    - 自発的
    - 非自発的
  - 消極的
    - 自発的
    - 非自発的

（出所）本書

克における義理は、上からの義理であるとする。

†義理は本質的には武士・農民の意識

こうした義理は単なる交換関係ではなく、自他の分立を前提としながらも全面的な関係のなかで生じるものだから、義理は利益社会ではなく、共同社会で栄えるとされる。であれば、義理は共同社会に生きる武士や農民の社会意識であり、本来は、利益社会に生きる町人の社会意識ではないことになる。というと、著者が資料とした近松の作品などは町人を題材にしているから、義理は町人の意識ではないか、あるいは町人こそが義理と人情のしがらみにもっとも悩み、しばしば義理に殉じたではないか、という反論がでるだろう。この点について、著者はつぎのようにいう。著者の深い解釈力が示されている本論文の圧巻部分である。

けれどももちろん町人といえども義理の観念を十分に有していた。近松等の浄瑠璃が主として町人を看客層としていたことを考えても、看客に無縁な観念を並べたてて成功を収めるはずがない。彼らもまた武士や農民と同じく義理に生き義理に死んだことであろう。とくに義理と人情との矛盾の体験は、自我意識に目覚め初めた町人にとって特有のものであった。近松の作品中の町人はあまりにも武士らしく描かれていると同時に、武士の方も町人の変装としか考えられないように表されている場合がある。義理の世界に緊縛されていた武士には、義理と人情との相剋を肯定することは、内心はとにかく表面的には許されないことであった。それに反して町人は義理の肯定者であるとともに人情の肯定者である。否、時には義理の否定者でさえある。近松の世話物を読めば町人の義理があざやかに描かれている。作中の主人公は多く義理詰に詰められて死を選ぶ。表面的にみれば、それは人情の敗北であり、義理の勝利であって、義理は町人の支配的観念であるように見える。「義理とは、武士的道義の町人化された理念」というような説明を下す者のある所以であろう。しかし義理の勝利は表面のことに過ぎず、義理に対する死者の無言の抗議に耳を傾けるべきであろう。義理は本質的には町人の社会意識ではなく、武士と農民のものである。近松も町人があまり義理がた過ぎるのは不自然と考えたのか、このような場合には以前は武士であったとか、一家一門皆侍であるとかの伏線をおいている。さらに武士や農民には義理を公然と否定する者がないのに、町人にはそれが多いことは、義理が町人の支配的な社会意識でないことを証して余りがあろう。（傍点引用者）

本書にはこの論文以外に近世における「家父長的支配」「孝の観念」「親子関係」「夫婦の上下関係」などにふれた論文が収められている。いずれも当時のおおくの文献を資料として、社会構造や社会関係をもとに説明している。近世封建社会の社会意識研究の金字塔である。

というようにおもったのは、後年、大学で「日本の社会と文化」という講義を担当するようになり、いわば必要にせまられて本書に所収された論文のいくつかを読んでからである。その数年前、先生は急逝した。先生は、御自分の論文を参照しなさいなどとはひとこともおっしゃらなかったが、早い機会に読んで、もっといろいろ聞いておくべきだったと悔やまれる。

(ミネルヴァ書房、一九八三)

V 行為と意味

19　アーヴィング・ゴッフマン『行為と演技』（原著刊行年　一九五九）
――うけを狙う

ゴッフマン（一九二二―八二）米国の社会学者。『行為と演技』は人と人との相互行為を演技者と観客の見立てで分析。

†詐欺師と冷却

本書（原書）が刊行されるすこし前、ゴッフマンは「カモの冷却」（"On Cooling the Mark Out: Some Aspects of Adaptation to Failure", *Psychiatry*, 15 (4), 1957）というおもしろい論文を書いている。儲け話などをもちかける（信用）詐欺師に騙されるカモ（mark）についての研究である。

この種のカモは自分は抜け目ない人間だとおもっているから、まんまと騙されてしまうことは面目や自尊心の大きな失墜になる。他方、詐欺師のほうもまきあげたカモをそのまま放置すれば、自分たちを追いかけてきたり、警察にたれこんだり、悪い評判をたてられたりし、以後商売がやりにくくなる。そこで詐欺師仲間の一人がカモのそばにとどまり、「今度ばかりは運がわるかったのだ」などの言葉によってカモの怒りを鎮め、失敗をうまく受容し、静かにもとの生活に戻るように状況を定義してやる。これが「クーラー」(冷却者)であり、面目と自尊心の失墜をミニマムにし、失敗を外傷化させないことが「クール・アウト」(冷却)である。

カモが警察にたれこむのを詐欺師がおそれるように、部下が社長に、子供の親が校長に不満を訴えることを上司や教師はおそれる。離婚したがっている女性は、夫が「妻の愛人のせいだ」とふれまわったり、裁判に訴えるのは困るのだ。無作法なウェイトレスやまずい料理によって感情を害した客をレストランの支配人がなだめるのは支配人の役割のひとつである。また顧客サービス組織には「お客様苦情係」という職業的クーラーが設置されている。重大な失策をしでかして辞職に追い込まれた者を「依願退職」で処理したり、博士論文の「内見願」(正式の審査以前の非公式審査)などによって拒否を内密化する慣習を想起してもよいだろう。

詐欺師にひっかかるのはごく少数の人だが、社会生活は失敗にみちているから、詐欺師がおこなう冷却は実は社会生活のなかでさまざまなかたちで作動しているのである。ゴッフマンは「クール・アウト」という言葉を詐欺師の隠語から借用し、社会学用語にした。

論文は詐欺師の手口の詳細な事例研究かとおもったら、こんなふうに論が展開していて、社会の秘密を垣間見せてくれる。鮮やかな手つきに圧倒されたものである。

†印象操作

本書も、職場の上司と部下や商店での買物、夫婦によるお客の接待などのありふれた対面的相互作用場面（人と人とが居合わせることによる相互作用）を焦点に社会の秘密を炙《あぶ》り出していく。炙り出しのために、対面的相互作用状況を「劇場」に、行為者（エゴ）を「パフォーマー」（演技者）に、他者を「オーディエンス」（観客）に見立てる。

パフォーマンス（演技）の動機や目的には、オーディエンス（他者）から好意を得ようとするために印象操作する自己利益があげられる。大学生の就職面接がこれである。学生たちは面接者に対して好印象をあたえる「印象操作」に余念がない。学生たちは、数十分間の面接での自分の見かけや行為が人柄の象徴として解釈されることを知っているから、計算されたパフォーマンスを遂行する。自分に不利な印象を控え、服装や顔つき、挙止に気をくばる。一方、面接者＝採用担当者は、被面接者＝学生がさまざまの偽装を凝らしていることをよく知っているので、その真偽をなにげない仕草などの「統制しがたい側面」に読みとろうとする。就職の面接場面は、虚飾の呈示、隠し立て、発見の「情報ゲーム」

である。

では、利他的動機や利他的目的ならば、人はパフォーマンスをしないかとなると、ここでもパフォーマンスがなされる。給油ステーションの従業員が車の安全性を点検し、すぐさま大丈夫ですといっても、心配性のドライバーは安心しない。そんなときは、必要以上に時間をかけて、必要ないところまで点検する。これもパフォーマンスであるが、自己の職務に忠実で相手を配慮すればこそおこなわれるものである。買わせようとして、虚偽の印象をもたせる「不実な」販売員のパフォーマンスではない。にもかかわらず「不実な」販売員とおなじように「誠実な」従業員も、相手が誤った印象をもたないためにパフォーマンスをしているのである。

真実を伝えようとしているかいないか、あるいは虚偽を伝えようとしているかいないかに関わりなく、不信を招くような表現を自分のパフォーマンスから排除し、さらに意図しなかった意味をオーディエンスが読み込んだりしないように心を配り、自分のパフォーマンスを適切な表現で示す必要がある。

†社会の原液

ここで、相撲の行司や野球の審判のパフォーマンスを考えてみよう。微妙な判定場面でも間髪をいれず、大げさな身振りで明確に判定を下すパフォーマンスについてどう考えたらよいであろうか。それは、行司や審判が自己の立場を擁護する自己利益のためのパフォーマンスともいえるが、状況全体（試合）の秩序維持のためのパフォーマンスともいえる。行司や審判が、もじもじして判定に時間をとれば、オーディエンスは当惑し、場面は壊れてしまう。

いまふれた事例と関係するが、わたしの経験にこういうのがある。二十数名が集まった小さな学会の研究発表会のときのことである。発表は、ハーヴェイ・サックスの会話分析についてだった。発表者は、「サッ
クスの会話分析」というべきところを「セックスの会話分析」といってしまった。わたしは、篤実な学者である発表者の言い間違えがおかしかったが、それよりも、「セックスの会話分析」という一連のフレーズに思わず笑ってしまった。が、出席者のうち誰もわたしのように笑う人はいなかった。オーディエンスの間にもなにごともなかったような雰囲気（察しよい無関心）が支配した。

言い間違えという不運なパフォーマンスによって生じる狼狽《ろうばい》や困惑という「一種のアノミー」が「察しのよい無関心」というオーディエンスのパフォーマンスによって回避されたのである。「無関心」によって「学会の研究発表の場」という相互行為秩序が守られたのである。

人々の集まりの中では、自己利益や利他のためのパフォーマンス以上に、集まりという相互行為の秩序（状況の定義）の維持が肝心となる。相互行為という圏域が、独立の圏域をなしていて、その秩序維持が黙契になっていることを明らかにしたのが、本書の独自性である。事実を隠したり、控えたりすることで状況の安定性を維持する共謀の積み重ねによって状況が存立しているのである。ここには、社会の原液がある。かくて本書の最後はこうしめくくられる。

この報告の関心事は、社会的出会いの構造――社会生活において、人びとが互いに直接肉体をもった者として人前にでたときに存在し始めるようなさまざまの事象の構造――である。この構造の核心的因子は、状況に関して単一の定義を維持すること、すなわちこのような定義は表出されねばならず、またこのような定義は無数の潜在的攪乱のただなかで維持されなければならない、ということである。

では、なにゆえ人々は相互行為の秩序を維持しようとするのか。それについてはつづく書物（『集まりの構造』や『儀礼としての相互行為』など）で展開されるが、簡潔にいえば、それは、状況にふさわしい振る舞いをすることで、自己の尊厳が得られるからである。場違いな行動をするものは社交の悪役であり、如才ない人は社交の英雄である。この背後には、神々が消え去ったあとの世俗化社会にせりあがってきた、人格崇拝が控えている。人格崇拝は、相互に敬意しあうことで面目を維持する儀礼によって保たれる。前近代社会の人なら、見知らぬ者が話しかけてきても、不愉快か敵意をあからさまに表出したが、われわれは丁寧に応じる。キャッチセールスが成り立つのもこのような人格崇拝とそれを維持する面目保持の儀礼を共有事項としているからである。

オーディエンスの目を意識したパフォーマンス人間ということでいえば、ウディ・アレン(「ハンナとその姉妹」などの監督。作家にして俳優)の作風と芸風をおもう映画ファンもいるだろう。ゴッフマンについての社会学的伝記をまとめたイーヴ・ヴァンカンは、ゴッフマンとウディ・アレンをならべて、こういっている。二人とも体つきも民族的出自も社会的出自(ユダヤ系中産階級)も似ている。「いずれも多作で、作風は独創的、知的でしかも自分の属する世界を超えて多くの人々に受け容れられている。両者ともに深刻に悲愴である」(『アーヴィング・ゴッフマン』せりか書房)。

Erving Goffman, *The Presentation of Self in Everyday Life*, 1959
(邦訳:石黒毅訳、誠信書房、一九七四)

20 ハロルド・ガーフィンケルほか『エスノメソドロジー』（原著刊行年 一九六七）
――日常知のほうへ

ガーフィンケル（一九一七―二〇一一）米国の社会学者。『エスノメソドロジー』はその命名者ガーフィンケル他の代表論文を収録。

†客観主義と主観主義

大学で教育社会学概論をながく担当している。授業のはじめのほうで、社会科学の方法論を講義することにしている。そのときに、バーレルとモーガンによって簡潔にまとめられた図を使用している。二分法による社会科学方法論であるが、初学者の理解には適しているからだ。社会科学の方法論は、①存在論②認識論③人間性④方法論の前提仮説の違いによって大きく客観主義と主観主義に区分されるというものである。

①存在論の仮定とは、研究しようとしている現実が個人の意識の外部に確固として存在しているか、それとも個人の意識によってつくられたものなのかという仮定の違いである。

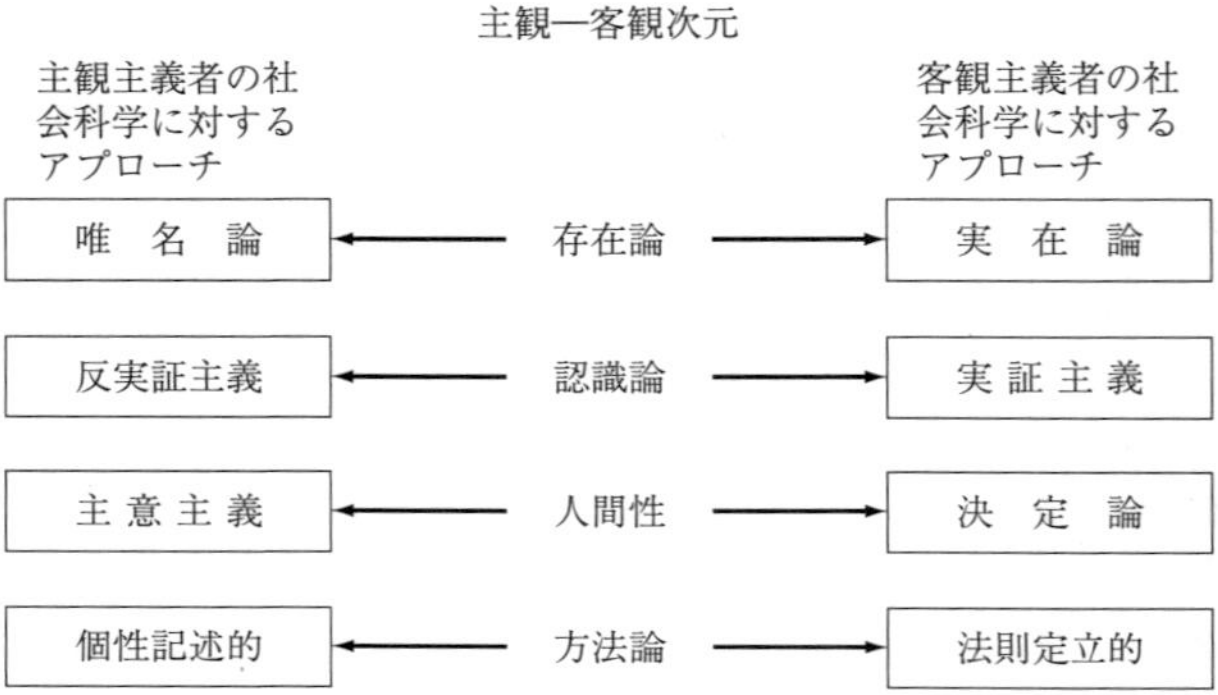

（出所）バーレル／モーガン（鎌田伸一ほか訳）『組織理論のパラダイム』千倉書房, 1986

社会科学の性質に関する諸仮定を分析するための図式

前者の仮定が「実在論」であり、後者の仮定が「唯名論」である。唯名論にたてば、現実世界を構築するとされる概念や用語は、実在の模写ではなく、人間がつくりだした人為的創造物だということになる。それはこう考えればよい。「山犬」が実在するから「山犬」という用語があるわけではなく、「山犬」という用語によって「山犬」が存在するのである、と。

②認識論の仮定は、①と関連しているが、知識の根拠の仮定である。人間はどのようにして世界を理解し、それを知識として他者に伝達するかという仮定である。知識は確固たる実在であり、具体的に伝達可能という仮定が「実証主義」になり、他方で、知識はそれほど明確ではなく、主観的であるとするのが

「解釈主義」（反実証主義）である。だから実証主義は、構成要素間の規則性や因果関係を説明し予測しようとする。それに対して解釈主義は、社会現象における規則性や一般法則の摘出ではなく、研究しようとしている対象を構成している人々の活動や意味賦与の過程を理解しようとする。

さらに①存在論と②認識論と関連しながら、③人間性に関する仮定がある。人間は環境に対して機械的あるいは決定論的に反応するというのが「決定論」であり、それに対して人間は環境によって決定されるよりも環境の創造者であるという立場が「主意主義」になる。人間と環境における作用力において、環境に決定的影響力をみるか、人間の自立性の力に強調点をおくかのちがいである。

以上三つの仮定を背後にして社会現象に対するアプローチが異なってくる。実在論・実証主義・決定論の立場にたてば、社会的世界は個人の意識をこえた外的な客観的実在とされるから、自然科学のように普遍的法則（法則定立的）を探求しようとすることになる。これに対して唯名論・反実証主義・主意主義の立場にたてば、社会的世界は、参加者の意識や意味賦与による行為の所産であるということになり、一般的で普遍的なものより参加者の特殊な主観的世界を説明し、理解する（個性記述的）ことが強調される。

†エスノメソドロジーとは

いまのべた二分法でいえばデュルケームの自殺論(3参照)は客観主義に立つ社会学であり、エスノメソドロジーは主観主義に立つ社会学である。エスノメソドロジーの命名者であるガーフィンケルは、エスノメソドロジーの特徴について端的につぎのようにいう。

エスノメソドロジーとは社会のメンバーがもつ、日常的な出来事やメンバー自身の組織的な企図をめぐる知識の体系的な研究だ。

客観主義(実証主義)のように出来事を外側からアプローチをするのではない。あくまで参加者の認知や意味づけが場面のなかでどう作られていくかについて、場面を構成している人々の側からアプローチする学だというのである。では聞きなれないエスノメソドロジーとは、いかなる方法なのか。命名者のガーフィンケルはこういう。

どこで実際にこの名前(エスノメソドロジー――引用者)をとったか知りたいだろう。ぼくはイエール大学の比較文化エリアファイル(HRAF《フラーフ》)を手にして仕事をしていた。たまたまそんな名称を見つけようなんて気もなしに、そのリストに目を通していた。もしこんな言葉を使うのを許してもらえば、キャッチフレーズ（taglines）にずっと目を通していたんだ。するとエスノボタニー（民族植物学）、エスノフィジオロジー（民族生理学）、エスノフィジックス（民間医術）という項目につきあたった。……「エスノメソドロジー」を使い始めたのは、このようなわけなんだ。

エスノというのは民族や人々の意味だから、エスノボタニーというのは、個々の民族がかれらの流儀にしたがっておこなっている、かれら特有の植物学である。科学者（専門家）による植物学ではなく、素人植物学である。エスノヒストリーといえば、神話や民間伝承によって伝達される個々の民族による素人歴史学である。したがって、エスノメソドロジーは、「エスノ」＝「人々」の「メソッド」＝「やりかた」についての「ドロジー」＝「学」ということになる。人々は、日常活動を無意識のうちに合理的で納得のいくようにおこなっているが、そこでの行為や規則は自明視されていて意識されない。そうした暗黙の認知や意味づけという「現場の知識集成」をひろいあげ、記述することによって、どのように秩序が形成されているかを明るみにだす研究である。

その方法的手続が「エスノメソドロジー的無関心」である。実証主義社会学者は、社会成員の活動について本当のところはなにが問題なのか、なにが大事なのかといった超越的・外在的・客観的アプローチをとるが、そうした態度を括弧にいれて（無関心）、あくまで状況内在的に人々のやりかたや実践的知識の観察に徹することをいう。

†受刑者コード

では、具体的にどのように研究がおこなわれているか。本書には、人々の現実知覚が「大人」や「子ども」「精神病者」といった日常会話のカテゴリー化によっておこなわれるとする会話分析をはじめ、多岐にわたる代表的論文が収められているが、圧巻は「受刑者コード」（ローレンス・ウィーダー）である。

この論文は（麻薬患者）矯正センターにおける職員と被収容者の研究である。著者のウィーダーは、職員でも収容者でもない者として施設にとけこみ、観察に徹する。まず被収容者が「おきて」（The Code）と呼んでいるものをさぐりだす。それは以下のようなものである。

1　とりわけ、告げ口だけはするな
2　白状するな

3　他の住人（被収容者）につけこむな
4　持っているものをわかちあえ
5　他の住人を助けろ
6　他の住人の利益の邪魔をするな
7　職員を信頼するな――職員はサツだ
8　住人たちに、おまえさんの誠実さを示せ

これらのコードに違反すれば、「チクリ屋」とか「ごますり」とかのレッテルをはられ、つきあいから締め出されるなど、仲間からの制裁がなされる。しかし、この論文はこうした受刑者コードを発見し、記述しておわっているのではない。さきに抽出した受刑者コードについては被収容者だけが知っており、かれらだけが拘束されるものではなく、職員も、受刑者コードの内容や用い方を知っているからである。

そうであるがゆえに施設内におこる問題行動を、職員は、受刑者コードに照らし合わせて解釈し、理解する。わざとぞんざいな態度をとる受刑者に接する職員は、職員と親密になりすぎることを警戒して、そうしているのだと、受刑者コードによって解釈する。受刑者のほうも、「俺は、そんなことあんたにしゃべれないよ。そんなことすればチクリにな

っちまう」などと受刑者コードをだしにしながら、職員との対応に立ちまわる。こうして受刑者コードは受刑者と職員の間でも不断に語られる。受刑者コードは施設の個々の出来事の説明可能性を与えるが、出来事の説明可能性をつうじて受刑者コードがゆるぎないものとなっていく。受刑者コードを語るという会話と施設状況に相互反映が働く。受刑者コードが語られるということは、単なる記述ではなく、施設の生活そのものをつくりあげるのである。

センターでかわされる会話のなかで、その会話を理解するために、コードが喚起され、コードに言及し、コードに依存するものは、およそセンターでの生活のたんなる記述ではない。そうではなく、こうした会話は、センターでの生活を同時的に作りあげる部分であり、それ自体コードの支配管轄下にある物事の領域のなかに含まれた部分なのである。こうした意味においてこそ、コードを含む会話は、それが生起する場面状況内で（状況と会話が）相互反映的（reflexive）なのである。

受刑者施設内のローカルな出来事やなにげない会話などを忠実に観察し、記述することで、外在性と拘束性をもつ社会的事実（3参照、ここでは受刑者コードをもとにした秩序）

が生成される場面を掬《すく》い上げている。受刑者コードという液体が秩序という固体になる瞬間のスナップ写真がとられているのである。

Harold Garfinkel, *Studies in Ethnomethodology*, 1967
(邦訳：山田富秋・好井裕明・山崎敬編訳、せりか書房、二〇〇四)

21　ピーター・バーガー／トーマス・ルックマン『日常世界の構成』（原著刊行年　一九六六）
――機能ではなく意味

バーガーは1参照。ルックマン（一九二七―二〇一六）独の社会学者。『日常世界の構成』は、社会構築主義のルーツとなったネオ知識社会学。

†機能主義パラダイムへの懐疑

第二次世界大戦後に、アメリカ社会学は一挙に花開き、巨匠を輩出することになった。タルコット・パーソンズ（一九〇二―七九）やロバート・マートン（一九一〇―二〇〇三）などによって唱道された機能主義によってである。機能主義は通常科学のためのパラダイム（範型）にさえなった。パラダイムとは科学者集団が問題発見と問題解決のためによりどころにする思考の枠組（29を参照）である。

戦前日本の社会学界では、社会学理論といえば、ドイツやフランスの社会学者の学説を研究するのが主流だった。ウェーバーやジンメル、デュルケームなどの巨匠がそろっていたからである。当時のアメリカの社会学者であるパークやマッキーバーなどを研究する人はすくなかった。ところが冒頭にふれた事情から、敗戦後、日本の社会学へのアメリカン・インパクトはおおきかった。社会学理論はアメリカ社会学に席捲された。わたし自身の卒業論文もマートンの機能主義についてだった。

機能主義とは、社会をシステムとしてとらえ、社会的行為が構造の維持と安定にどのように作用しているかの過程を明らかにするアプローチである。機能主義パラダイムの理解のために、社会のなかの不平等は避けられず必要であるという機能主義的成層論をみておこう。

社会には機能的に重要度の異なる地位・役割がある。重要度の高い地位・役割に、すぐれた才能をもった者をつけることが社会システムにとって必要である。また、そのような地位・役割につくには長期の訓練が必要である。したがって、このような地位・役割には大きな誘因がなければならない。だから所得や威信などは、機能的重要度に応じて差異的に配分されているし、それが必要であるという成層論である（K. Davis & Moore, W. "Some Principles of Stratification," *American Journal of Sociology*, Vol. 10, 1945）。

むろん、このような機能主義的成層論に対してはすでに多くの批判がある。機能主義的成層論は、報酬を所得や威信などの外的報酬のみでみている。科学者は金銭や威信などの外的報酬だけを誘因にして仕事につくのだろうか。機能主義的成層論は、仕事そのものが面白いという内的報酬が誘因になることを無視している。あるいは、機能的に重要だから報酬が多いのではない。報酬が多いから機能的に重要だと誤認するのだ、という批判がある。

この問題にはこれ以上立ち入らないが、機能主義的説明のひとつの例として理解していただきたい。機能主義は、古い制度や非合理的制度とおもわれるものが実は社会構造の維持や安定への機能を果たしているから、そうした制度は必要であるという現状肯定理論になりがちである。また、機能主義的成層論がそうであるように、人々の行為をもっぱら計算ずくの目的合理的な視点からみるきらいがある。アメリカでは一九六〇年代に、日本では七〇年代に機能主義についてのそういう懐疑がひろがりはじめていた。そんなときに本書はあらわれた。原書は一九六六年、翻訳は一九七七年の刊行である。それだけに、わたしは本書のつぎの箇所に新鮮な驚きを感じたことを覚えている。

制度は、外部の観察者からみると、それがその本来の機能、ないしは実用性、を失ってしまっていると思われるような場合でさえ、存続することがある、ということを意味している。人びとはそれがいまもなお機能しているからという理由で一定の行為を行なうのではなく、それらが正しいから（中略）という理由で、行為を行なうのである。

行為者を目的合理的な存在としてよりも、「正しいという理由で、行為を行なう」というように、意味を構成しながら行為していく存在と措定することによる社会学理論だったから、バーガーの言明が新鮮だった。

†外化・対象化・内在化

といっても、本書は20でみた社会決定論（客観主義＝社会実在論）に反対し、主体構成論（主観主義＝方法的個人主義）に偏って論を展開しているわけではない。本書はこの両者（社会決定論と主体構成論）を知識や意味によって架橋する試みである。社会が人間の産物であり、人間が社会の産物であることを同時に把握する視座の確立を試みている。架橋は社会的現実と個人の弁証法的関係（相互作用による統一）によって可能になるとする。しかし、この提案自体は、マルクスが唱えたわけだから別に新しいものではない。

弁証法が事実としても、そしてまた一般的にも、存在する、ということをただ単に主張するだけでは、そこにはなんらの意味もない。必要なのは、ただそれを主張するだけにとどまらず、さらに一歩すすんで、社会学的思考の偉大な伝統と調和する概念枠組のなかで、そうした弁証法的過程の詳しい検討に向かうことである。

こうして社会と個人の弁証法は「外化」「対象化（客体化）」「内在化」の三つのコンセプトによって解きほぐされていく。

「外化」は人間が活動によって世界に働きかけ、自己実現していく過程をいう。人間は本能が壊れた欠陥動物といわれるように、あらかじめ備わっている能力によって自然環境で生きていくことはむつかしい。自ら安定した環境をつくらざるを得ない。こうした人間の環境への所作が外化である。

「対象化」（客体化）は、外化によって創造された物がそれを生んだ当人たちにとってさえ、自分と異なったもので自分たちの外側に存在する事実性となる過程をいう。伝統的な社会学用語でいえば制度化——言語や道徳のように、社会が個人に押しつけるプログラムになること——である。生はなんらかの形式によってその存在を保つが、生がうんだ形式は独立し、逆に生の発展を妨げるというジンメルの言明（「現代文化の葛藤」）と相同な過程である。マルクスのいう「物象化」は、成功しすぎた「対象化」ということになる。作者が自分たちであることを忘れ去って、人間の活動の所産を、あたかも人間による産物以外の何物かであるように理解することである。

「内在化」は、こうした対象化（客体化）された制度を意識のうちにとりこみ主観的な現実とするはたらきである。内在化を客観的に妥当で主観的にも納得のいくものにしていくのが宗教などの正当化装置である。個人に対して、おこなうべき行為とおこなうべきでない行為を教え、なにゆえ事柄がこうなっていくかも説明する。象徴的世界が制度的秩序に正当性を付与することで制度が防禦され、個人を究極的な恐怖から守るのである。

「内在化」には、第一次社会化と第二次社会化が働く。社会化とは、現に生活している社会や将来生活する社会に適応するための価値・知識・技能・態度の獲得のことをいう。第一次社会化は個人が幼年期に経験する最初の社会化である。基本的世界への社会化である。第二次社会化はすでに社会化されている個人が新しい諸部門にはいっていくための社会化である。医者らしくなることや○○社員らしくなるというように、下位世界（医師界や○○社）への社会化である。

社会が人間の産物というのは「外化」によってであり、社会が客観的な現実であるというのは、「対象化」（客体化）によってであり、人間は社会の産物であるというのは「内在化」によってである。

†ネオ知識社会学

本書の独自性は、デュルケームとウェーバー、それぞれに代表される方法的集団主義（社会は部分である個人の営為の総和に還元できないという社会実在論の立場）と方法的個人主義（社会は部分である個人の営為から説明されなければならないとする立場）をそれぞれの内的論理をいかしながら包括する視座を提起したことにある。そして、人々が自明視する社会的現実が人々の知識や意味付与によってつくられていくことを明らかにした。その意味で人々の生活世界が人々の活動や意味づけによって編成されていくという社会構築主義（4参照）のルーツとなった社会学理論である。

独自性はそれだけにとどまらない。マンハイム（14参照）などに代表される従来の知識社会学がもっぱら理論的な思考や（大きな）思想、イデオロギーを対象にしてきたのに対し、本書は、電話のかけかたなどの処理的な知識を含んだ、知識といわれるものすべてを対象にしている。思想もイデオロギーもこうした日常知との相関や対抗で存立している。

本書の副題は「知識社会学論」（A Treatise in the Sociology of Knowledge）であるが、知識社会学を農村社会学や家族社会学とならんだ社会学の下位領域ではなく、社会学理論の中核にすえたことの意義も大きい。

Peter L. Berger/Thomas Luckmann, *The Social Construction of Reality: A Treatise in the Sociology of Knowledge*, 1966（邦訳：山口節郎訳、新曜社、一九七七）

＊本書の翻訳書は、二〇〇三年に『現実の社会的構成』（新曜社）と表題を変えて新版として刊行されている。

22 ポール・ウィリス『ハマータウンの野郎ども』（原著刊行年 一九七七）
――反抗が加担に、服従が拒否に

ウィリス（一九四五―）英国の社会学者。『ハマータウンの野郎ども』は、労働者階級出身生徒の反学校文化を掬い上げたエスノグラフィー。

†コスモポリタン教師とローカルズ教師

わたしの中学生時代は、一九五〇年代半ばである。石原慎太郎の『太陽の季節』が芥川賞を受賞したのが一九五六年で、同年の『経済白書』が「もはや『戦後』ではない」と書いていた時代である。当時の私が住んでいた地方では、高校進学率は六〇％近くにもなっていたが、他方では学問は商売の邪魔だとか、学問をすると生意気になるという勉強対抗庶民文化がまだまだ残っていた。中学校卒業後集団就職して上京する者、大工などの家業を継ぐ者が相当数いた。

家が漁業の中学生は、もうりっぱな労働力（者）だった。かれらは夏や冬にはイカ釣り漁船にのりこんで働いていた。イカ釣りは、夕方漁船に乗って近海にでかけ、夜、漁をする。そして朝帰ってくる。だから大人の漁師は朝から夕方まで睡眠をとることになる。ところが、漁師の仕事をする中学生には学校があるから、たまらない。彼らは学校へくるが、当然多くの授業では居眠りをしている。イカ釣りは苛酷な肉体労働だから、ぐっすり寝込んでしまう。そんなとき英語や国語の教科書を読む順番が回ってくると大変である。まわりの生徒が彼をゆすって起こすことになる。私にとっての「こだわり」はこのときの教師の異なった二通りの対応であった。

ひとつは、まわりの生徒がゆすっておこすことを当然とした教師である。もうひとつのタイプはゆすっておこすことを制した教師である。ゆすっておこすことを当然とした教師は、年齢が若く新制大学の教育学部を卒業した教師におおかった。ゆすっておこすことをとめた教師は、旧制の専門学校などを出て地元で家業などをしていたが、戦後の混乱と教師不足で、代用教員として集められた、にわか教師がおおかった。

前者の教師は、プロフェッショナリズム（専門職主義）にたったコスモポリタンであり、後者の教師は地元の生活様式を知悉《ちしつ》していたローカルズだった。ゆすっておこして教科書を読ませる教育がよいのか、眠らせたままにしておくのがよいのか。もちろん当時の中学生の頭ではむつかしい用語は使えなかったが、とても気になっていたことである。ゆすっておこして教科書を読ませたとしても、日頃働いているかれらにとって教科書を上手に読めないことがおおい。あまりにもひどい読み方で、笑いの渦を誘発してしまうことにもなる。教え込み熱心という善意が当の生徒には実は大変な残酷さをもたらしていないか。すくなくとも、当の中学生にとっては疲れているのだからと起こさないローカルズ型教師の対応のほうが、緊張がすくなかっただろう。そうはいってもこの種の黙認に問題がないわけではない。「階級の再生産」に手をかしているともいえるからである。

これは、優等生まがいのわたしのほうからみた勉強ノンエリート生徒へのおもいである。そもそも当の生徒はどうおもっているのだろうか。そんな疑問に激しい答えを示しているのが本書である。

†「野郎ども」と「耳穴っ子」

本書は、イギリス中部の工業都市バーミンガムの北西ソーホーにあるセカンダリー・モダン・スクール（新制中等学校）でおこなわれたエスノグラフィーである。エスノグラフィーとは、聞き取りや参与観察によって特定の集団の人々の生き方を記述していく研究方法（民族誌）である。訳書の題名にもなっているハマータウンはソーホーの架空名である。

調査校のセカンダリー・モダン・スクールは、進学中等学校（グラマー・スクール）とはちがった就職組のための中等学校である（現在では、このふたつの中等学校類型のほとんどはコンプリヘンシブ・スクール＝総合制中等学校に統合されている）。調査されたのは、一九七〇年代前半である。

調査はいくつかの学校で実施されたが、分析の中心になったのは、そのなかのひとつのセカンダリー・モダン・スクールの「野郎ども」一二名である。「野郎ども」といわれるのは労働者階級の子弟で学校教師を含めて権威に反抗する若者である。かれらの最終学年の二年間と就職後六カ月にわたるフィールド・ワークが分析されている。

労働者階級の子弟も、下級生の間はそのほとんどが従順な生徒であった。しかし、上級生になると、従順な生徒と反抗的な生徒に分岐していく。反抗的な生徒、つまり「野郎ども」の文化は、男尊女卑などの性差別、人種差別、喫煙・飲酒・セックスなどの享楽主義、厳しい肉体労働こそが「男らしい」とする筋肉主義が特徴である。権威との関係は、「やつら」（教師）と「おれたち」（野郎ども）として描かれる。

といっても、野郎どもは教師といつもあからさまに敵対するというわけではない。ふざけていても、勉強している連中の邪魔をしないようにして教師をおこらせないとか、手ごわい教師には反抗を控えめにするなどで教師の性格や出かたしだいでの対処法を編み出している。そういう対処法の案出が世故に長《た》けているあかしとなる。「野郎ども」は、同じ労働者階級の子弟でありながら、権威に従順で、向学校的・向学業的な生徒に「耳穴っ子」や「耳たぶっこ」という侮蔑呼称を投げつける。

従順な生徒は、いつも聴く一方であって、みずから行為するということがないように見える。内からこみあげてくる生命力に動かされることもなく、ただ杓子定規に何でも受容するかにみえる。耳《イヤー》というのは、人間の身体のなかでも表現力のもっとも乏しい、もっぱら他人の表現を受容する器官である。おまけに、じめじめしている耳の穴にはすぐアカがたまる。たてまえどおりの学校生活に同調する生徒たちを、〈野郎ども〉はこのようにイメージして悦に入っているのである。

野郎どもは「耳穴っ子」を排除しているだけではない。「耳穴っ子」を軽蔑することで、自ら〈野郎ども〉の優位性を確証しているのである。ということは、野郎どもは、落ちこぼれてしまうのではなく、積極的に落ちこぼれを選択しているということである。

†反抗による社会的再生産

落ちこぼれを積極的に選択するのは、野郎どもが、かれらなりの学校社会の読み取り（「洞察」）をおこない、学校社会を自分たち流儀で読み換える（「異化」）からである。それはつぎのようなものである。

学校とは教師の手元に貯蔵された知識を、「尊敬」と「従順」のみかえりにすこしずつ受け取る空間である。そのために、今の貴重な時間を節約（犠牲に）してしまうことなのだ。そうした犠牲のうえで成績優秀や資格があたえられる。しかし、優秀な成績や資格によってあたえられる事務員仕事などは、野郎どもからすると、「女々しい」仕事である。であれば、「今」を犠牲にするよりも「今」を大切にしなければならない。将来のからだを張る筋肉労働者になるために優秀な成績や資格などなんの助けにもならない。教師を出し抜いたり、仲間とわるをするほうが自分たちの将来の仕事（筋肉労働）に役立つのだ。ここに反抗の逆説が生じる。

> 〈野郎ども〉は、手労働をこそ選好し、また手労働を通じて自己認識をとげようとする――少なくとも、さしあたりは。労働人口のこの部分が、階級差別を伴う社会連鎖の、さもなければ満たされるはずのない、なおかつそれでも必要な空隙を埋める。こうして、みずから劣位の部署を選びとる人びとがいるおかげで、他の人びとは、精神

労働を価値とする支配イデオロギーのものさしを安んじて受け入れ、その程度はまちまちだとしても比較的に優位の部署を獲得でき、それに応じた優越感にひたることもできる。つまり、〈野郎ども〉のいかにも不合理な自発的脱落があってはじめて、〈耳穴っ子〉の順応主義が合理的な選択として意味をもつのである。

野郎どもはメリトクラティックな価値、つまり、能力・業績による社会的地位の獲得の価値をなんら内面化してはいない。学校や教師に反抗し、下級ホワイトカラー職などの非筋肉労働職への上昇移動など考えもしない。むしろ逞《たくま》しさ信仰によってこうした精神労働を「女々しい」ものとみなし、みずから積極的に苛酷な肉体労働を引き受けていく。ところがこうした反抗文化が「底辺」労働を引き受け、かえって社会的再生産をもたらしてしまうというのである。社会的再生産とは資本主義的生産様式の継続のために必要な階級間関係の反復である。本書の原題は「ラーニング・トゥ・レイバー」(learning to labour)、つまり「筋肉労働に馴染んでいくこと」である。「服従」が「拒否」(面従腹背)になりうるように、「抵抗」が「加担」になるねじれを、対象によりそって描出していて、鮮やかである。

しかし誤解してはいけないのは、ウィリスが調査したような学校はイギリスにそう多くはないことである。だからここで描かれている「野郎ども文化」はイギリスの生徒文化の典型というわけではない。階級社会の学校の極北として読まれるべきものである。

Paul Willis, *Learning to Labour: How Working Class Kids Get Working Class Jobs*, 1977
（邦訳：熊沢誠・山田潤訳、ちくま学芸文庫、一九九六）

Ⅵ 現代社会との格闘

23　イヴァン・イリッチ『脱学校の社会』（原著刊行年　一九七〇）
——想像力の学校化

イリッチ（一九二六—二〇〇二）オーストリア出身の思想家、カトリック司祭。『脱学校の社会』は、学校化された社会にイエローカードを出す文明批評。

†隠れたカリキュラム

鬼才福田《ふくだ》恆存《つねあり》（評論家、一九一二—九四）は、あるところでこういっている。

子供といふものが敏感なものなのであります。子供の眼には、なにもかもありのままに見える。（中略）大人がなにかを隠さうとすれば、その隠したものは見えないかもしれぬが、大人がなにかを隠さうとしてゐるといふ事実だけは、子供はちやんと見てとる。子供といふものはさういふものです。教師や親が見せようとしたものを見ない。教へようとしたものを学ばない。かれらが見せようとも教へようともしないところで、かへつて子供はなにものかを学びとる。（「教育・その本質」、傍点引用者）

教師が言明したり、教科書に書かれている顕在（公式）カリキュラムと区別した「隠れたカリキュラム」というコンセプトに注目すべき所以《ゆえん》である。生徒の学習経験は顕在（公式）カリキュラムによるだけでなく、学校生活のなかでの暗黙の学習が大きいからである。こうしたひそかな教え込みをもたらすものを「隠れたカリキュラム」という。

隠れたカリキュラムは、どこか目にみえないところに隠されているというわけではない。その姿は誰にでもはっきりとわかるのに、その言明の作用に気がつかない（隠れている）ことが多い、ということである。マーゴリスなどアメリカやカナダの教育社会学者たちは、「いない、いないバー」という奇妙な題名の論文（“Pekkaboo” in E. Margolis, ed. *The Hidden Curriculum in Higher Education*, 2001）のなかで、そのことをエドガー・アラン・ポーの短編小説『盗まれた手紙』を題材につぎのように説明している。

事件は重要な手紙が宮廷から盗まれたことよりはじまる。ある大臣がその犯人らしいこと、くだんの手紙は大臣宅に隠されていることはわかっているのだが、大臣の邸宅をくまなく探しても、その手紙がでてこない。万策つきて警視総監は、デュパンに相談にいく。

デュパンは大臣の邸宅にいき、その手紙を難なく発見してしまう。「あんまり目立ちすぎて、かえって目につかないってことがある」ものだといって、誰でも目につく名刺差しの一番上の仕切りに、いとも無造作に押し込まれていたのを発見したのである。ここからマーゴリスたちは、どんな人にも「丸見えになっている」のでかえって気づかないというのが、隠れたカリキュラムの特徴だというのである。

であるから、ジェンダー差別を助長する隠れたカリキュラムも目にみえない事実によって発せられているのではない。誰でも目にしている事実から、ひそかな教え込みがなされてしまっているのである。ひと昔まえは、校長や教頭が男で、女性はすべてヒラ教員という教員構成がなされていた。顕在カリキュラムが男女平等をうたい、男子生徒と女子生徒を平等に処遇しても、教員序列の男女の差異が隠れたカリキュラムとなり、男性は管理職になるもので、女性はなれないということを暗黙のうちに、だからこそ強く学習してしまう。教員序列の男女の差異は、言明せざる言明となっているのである。誰にでも見えるが、その作用については無自覚的という例を挙げれば、時間割も隠れたカリキュラムである。教科ごとの時間数は、生徒に教科の重要性を伝達してしまっているからだ。

こうしてみていくと、最大の隠れたカリキュラムは学校という装置そのものである。学校という装置はそれ自体が隠れたカリキュラム（メッセージ）である。

イリッチは、子どもは学校に所属し、学校で学び、学校でのみ教えられうるということが近代社会においては疑いのない前提になり、望ましく、善き事とされているが、その前提について大きな疑問を投げかける。かくて、学校という装置そのものの隠れたカリキュラムを解明するのである。

†取り違え

教育が学校化されることによって生まれる隠れたカリキュラムは、つぎのようなものである。教授されることと学習することを混同し、進級することがそれだけ教育を受けたことに、免状を取得すれば能力があるとみなすようになる。多くの人が学校で教育を受けることによって、自分よりよけい学校教育を受けたものに対して劣等感をもつようになってしまう。われわれが知っていることの大部分は、学校の外で教師の介在なしに「話し、考え、愛し、感じ、遊び、呪い、政治をし、働くのを学んできた」にもかかわらずに、である。

さらに、学校をとおして価値を受け取るようになると、想像力が学校化されてくる。学校で教授されることが教育だとみなすようになるのと同じようなことが健康や安全などにもおこってくる。

彼の想像力も「学校化」されて、価値の代わりに制度によるサービスを受け入れるようになる。医者から治療を受けさえすれば健康に注意しているかのように誤解し、同じようにして、社会福祉事業が社会生活の改善であるかのように、警察の保護が安全であるかのように、武力の均衡が国の安全であるかのように、あくせく働くこと自体が生産活動であるかのように誤解してしまう。健康、学習、威厳、独立、創造といった価値は、これらの価値の実現に奉仕すると主張する制度の活動とほとんど同じことのように誤解されてしまう。そして、健康、学習等が増進されるか否かは、病院、学校、およびその他の施設の運営に、より多くの資金や人員をわりあてるかどうかにかかっているかのように誤解されてしまう。

宗教と教会の同一視と同じように教育と学校の同一視がおこり、「学び」を「(学校)教育」に、「世話」を「治療」に、「安全」を「警察の保護」に取り違えることがおこるようになる。その結果、制度の整備と拡充こそがケアであるとされ、真の学習、健康、安全への配慮が喪失していくというのである。学校によって人々は、経済成長を指向する消費社会への入会準備をうける。医療や教育、交通などの専門職サービスをなんの疑問もなく、唯々諾々と受け取り、専門職サービス社会の受益者への準備がおこなわれるのである。これが学校化された社会（schooled society）である。教育だけでなく、社会全体が学校化されている。

†想像力の学校化

本書（翻訳）が刊行されたのが、原書刊行の七年後の一九七七年。一九七〇年代半ばには高校進学率が九〇％を超え、大学進学率（短期大学をふくむ）が三〇％を超えたときである。不登校が中学生を中心に増えはじめ、学歴社会ということばが飛び交った。

学閥や学歴という言葉は戦前にも使われていたが、管見の限り、学歴社会という言葉は戦前にみることができない。たとえみつけることができたとしても、一般的に使われていた言葉ではない。というのも、学歴が大事だとおもう人々はホワイトカラーなどを中心とした一部の人々であった。多くの庶民にとっては、農業や漁業、商業、職人など学歴とは無縁に生きていくことができる仕事領域が大きかったから、学歴のリアリティは乏しかった。

『広辞苑』に「学歴社会」という語が掲載されるようになるのは、一九八三年（第三版）であるが、実際はそれより前から使われていた。すでに一九六六年には学歴社会を題名にした書物（岡田真『学歴社会と教育』大明堂）が出版されている。学歴社会という語は、一九六〇年代後半に登場し、七〇年代は一般に使われる用語となっていたことが推測される。それもそのはず、一九六〇年代前後から、農業や漁業などの、学歴とは無縁の産業構造が大きく衰退し、多くの人々が第一次産業から第二次産業や第三次産業に移動する時代になり、学歴が地域移動や社会（的地位）移動の必須の手段になったからである。

学歴社会という言葉の蔓延は、学校が多くの人々に重くのしかかってきたことを示している。本書（翻訳）が刊行されて八年後（一九八五年）、尾崎豊（シンガーソングライター、一九六五―九二）は、「(卒業は―引用者）この（学校の―引用者）支配からの卒業」（『卒業』）と十代の心の叫びを歌い、若者にアピールした。しかし、尾崎豊は思いをめぐらしたであろうか。学校による支配は卒業とともに終わるわけではない。われわれの想像力と社会編成が学校化されていることに。

Ivan Illich, *Deschooling Society*, 1970
（邦訳：東洋・小澤周三訳、東京創元社、一九七七）

24 上野千鶴子『家父長制と資本制』(一九九〇)
――二重の女性支配

上野千鶴子(一九四八―)日本の社会学者。『家父長制と資本制』は女性に対する抑圧と搾取の二重メカニズムを解明。

†ある不思議

わたしが『学歴貴族の栄光と挫折』(中央公論新社、一九九九、現在は講談社学術文庫)をまとめていたときのことである。一高(第一高等学校)や三高(第三高等学校)などの旧制高等学校とその生徒たちの世界を描いたものであるが、寮歌についてふれる箇所にきたとき、わたしの大学生時代(一九六〇年代前半)を思い出した。当時は、四年制大学には女子学生の割合が少なかったから、クラス・コンパも男子主導でおこなわれるのが普通だった。宴たけなわになると、「紅萌ゆる丘の花」(第三高等学校寮歌)など、旧制高校の逍遥歌や寮歌が歌われたが、そのときのことがふと不思議におもえてきた。

旧制高校は男子校だったからその寮歌や逍遥歌は、男たちの歌である。男性のわたしは、コンパに同席した二名ほどの女子学生の気持ちもわからず唱和していたが、少数派の女子学生のほうはそのときどんな気持ちだったのか。そもそも唱和していたのかどうか、小声で唱和していたとしたら、どんな気持ちで唱和したのだろうか……。

もうひとつの不思議もある。本書の別のところ（17、21を参照）でもふれたように、わたしが学部生や大学院生の時代には社会学といえばアメリカ社会学全盛期のころで、なかでも理論社会学の泰斗は構造・機能主義のタルコット・パーソンズだった。パーソンズとベールズの『核家族と子どもの社会化』は、家族社会学理論の正典だった。

そこでは、夫―父と妻―母役割について、前者は家族システムの外部環境にかかわる適応と課題遂行をなす「手段的役割」であり、後者は家族システムのパターン（文化）の維持と成員の緊張緩和（情緒的統合）をなす「表出的役割」と、断定されていた。それだけではない。なぜそうした役割が性別によって分化するかについて、こう説明されていたのである。

子どもを生み、幼時にこれを哺育するということが、小さな子どもに対する母の関係を元来ひじょうに優先的なものにしてしまう。またこれから導き出される前提だが、このような生物学的機能を欠く男性の場合は、それに代わる道具的（手段的―引用者）な方向へと専門化が行なわれていく――そのような事実によって説明される。（橋爪貞雄ほか訳、黎明書房）

家族社会学は女子学生にも人気のテーマであったが、当時の彼女たちはこの夫―父役割と妻―母役割を、それぞれ「手段的役割」と「表出的役割」で裁断し、その根拠を生物学的本質主義にもとめた説明をどう感じていたのだろうか。

わたしのほうは、大学教師になって、社会学概論を教えることになって、家族についてはニ回ほどの講義をすることになったが、パーソンズの家族システム論にはふれなかった。「人は女に生まれない。女になるのだ」というシモーヌ・ド・ボーヴォワール（フランスの女流作家、一九〇八―八六）の言明（『第二の性』）ともあいまって、パーソンズの家族システムの役割分析に疑問符をつけていたからである。

†フェミニズム理論

一九七〇年代、ウーマンリブ運動が流行ってきた。日本では七〇年一〇月二一日の国際反戦デーの「おんな解放」銀座デモがその先駆けといわれている。「フェミニズム」（女性の自己決定権を主張し、男性本位の社会を組みかえようとする思想と運動）という言葉も定着するようになった。

本書の著者上野は別のところで自身の研究の歩みをこう述べている。「私は『裏切られたおんな社会主義者』として出発しましたが（中略）七〇年代のリブとフェミニズムの波を浴び、それに知的・感性的なショックを受けたところから、自分の知的営為のなかで格闘してき」た（「書評に応えて」『ソシオロジ』一一二号、一九九一）。七〇年代から八〇年代前半は、フェミニズムの運動や思想が大きな波となってきたときであるが、フェミニズム「理論」は未《いま》だしの感があった。上野の「格闘」は、フェミニズム理論構築の格闘であり、その金字塔が本書である。「解放の思想は解放の理論を必要とする。誰が、何から、いかに解放されたいのかを知らなければ、現状に対する不満や怒りのエネルギーは、方向を見失う」という本書の冒頭の宣言こそ、上野の格闘の的《まと》がなんであったかを示すものである。

フェミニズム理論の構築のため、まず、近代以降の女性解放理論が整理される。それは、I「社会主義婦人解放論」、II「ラディカル・フェミニズム」、III「マルクス主義フェミニズム」の三つだとする。いずれも、マルクス主義に依拠するか、対抗するかによる、女性抑圧の解明と解放のための理論である。女性解放理論がマルクス主義をめぐって展開するのは、マルクス主義だけが近代産業社会の抑圧からの解放理論だったからである。

「社会主義婦人解放論」は全面的にマルクス主義に依拠している。女性の抑圧は階級支配の従属変数である。したがって、階級支配の廃絶こそが女性の解放につながるという理論である。しかし、市民革命でも社会主義革命でも女性は解放されなかった。解放されたのは、ブルジョアの「男」やプロレタリアの「男」である。女性にとってはいずれの革命も「裏切られた革命」だった。こうして、マルクス主義に依拠する社会主義婦人解放論は挫折する。

こうした挫折からⅡの「ラディカル・フェミニズム」が台頭する。ラディカル・フェミニズムは階級支配よりも性支配のほうが根が深いとする。したがって社会主義革命とは別にフェミニスト革命がおこなわれなければ、女性の抑圧と搾取からの解放はないとした。ラディカル・フェミニズムは、「市場」の外側に「家族」という領域を発見し、家族の抑圧構造の解明のために、マルクス主義ではなく、フロイト理論に依拠した。

「社会主義婦人解放論」が、階級支配一元論（資本制）であるときに、その代替・対抗理論としてでてきた「ラディカル・フェミニズム」は性支配一元論（近代家父長制＝長老男性による女性と次三男支配）になる。

しかし、現在では、「社会主義婦人解放論」や「ラディカル・フェミニズム」のような極端な一元論をとるものはすくなくなり、両者の論戦のなかで、双方が相手をとりこんでいる。資本制と家父長制の双方をとりいれ、「性支配は資本制的生産関係と分かちがたく結びついて、資本制的家父長制という単一システムを形成するに至った（資本制下の）家父長制の産物」という「統一理論」となっている。本書は、統一理論の立場をとらず、「性支配はそれぞれに相互に独立した家父長制と資本制という二つのシステムの相互作用の結果だとする」「二元論」の立場をとっている。「マルクス主義フェミニズム」（マルフェミ）はこの二元論の立場である。二元論はつぎのようなものである。

前近代社会では生産労働（物やサービスの生産）と再生産労働（人間の生産）に切断がなかったのだが、近代社会において両者が切断され、家事労働などの再生産労働は家族という私領域のものとされるようになった。かくて、近代社会において、女性は資本制による抑圧・搾取と同時に家父長制による抑圧・搾取も受ける。

資本制と家父長制とは互いに対立しあうこともあれば、たまたま調和して相互補完的に機能することもある。それは一方が不可避的に他方を随伴したり、必然的に相関したりするという関係ではない。生産関係と再生産関係が資本制と家父長制という歴史的に固有の形態をとり、互いに「弁証法的」に関係しあって成り立ったこの近代産業社会に固有のあり方を、マルクス主義フェミニストは「家父長的資本制 patriar-

制度	資本制	家父長制
社会関係	生産関係	再生産関係
社会領域	公	私
支配形態	階級支配	性支配
歴史的形態	市場	ブルジョア単婚小家族
統制原理	市場原理	エディプス・コンプレックス
社会理論	マルクス理論	フロイト理論

（出所）本書

chal capitalism」と呼ぶ。

生産領域（物質の生産をめぐる人と人の関係）における階級支配と再生産領域（人間の生産をめぐる人と人の関係）における性支配の相互の関係は葛藤することもあり、妥協＝調和し、両者の支配が強化されることもある。「男はソト（仕事）、女はウチ（家庭）」のような市場労働＝男性と家事労働＝女性の分割は資本制と家父長制の調停形態である。労働市場が「女・子ども」を、市場の外の「近代家族」に追い出し、家事労働を不払い労働とすることで家父長的支配を貫徹させたからである。資本制と家父長制のさらなる調停は、女性に家事労働者（不払い労働）と周辺賃労働者（低賃金）の役割をあたえることでなされた。

†市場の性支配と家族の階級支配

二元論の立場にたつと、市場＝階級支配、家族＝性支配という紋切り型でない視野が開かれてくる。市場における性支配と家族における階級支配が焙りだされてくるからである。労働市場における性隔離――二重労働市場＝複雑労働・高賃金の職種と単純労働・低賃金の職種の雇用の性別による分節化――によって利益を得られるのは資本家だけではなく、男性労働者であるからである。また、家族における階級支配においては再生産支配階級としての男性と再生産被支配階級としての女性が焙りだされる。

女性は子宮という再生産手段を持っているが、子宮が肉体的に女性の身体に帰属していることは、それを女性が「所有」していることを少しも意味しない。家父長制のたくらみは、あげてこの子宮という再生産手段の支配とコントロールのためにあった。女性を自分自身の身体について無知なままに置き、その管理を男性にまかせ、避妊と生殖についての自己決定権を女性から奪うことが、再生産支配階級の意図であった。

歯切れよく、スピーディーな文体と「万国の家事労働者よ、団結せよ」というようなパフォーマンスに満ちた文章に出会い、読者は本書を戦闘的＝煽動的とおもうかもしれない。しかし、著者の既存の理論への目配りは丁寧でかつ柔軟である。フェミニズムという視角を入れることで「労働」や「生産」、そしてマルクス主義社会理論について根底から考えさせられる。

（岩波書店、一九九〇）

25 アンソニー・ギデンズ『近代とはいかなる時代か?』(原著刊行年 一九九〇)
――巨大かつ複雑なシステムの疾走

ギデンズ(一九三八―)英国の社会学者。『近代とはいかなる時代か?』は現代社会をポストモダンではなく、近代が徹底化したハイ・モダニティ社会としてとらえる。

†石原慎太郎と全共闘

いまから四〇年近い昔、全共闘運動たけなわのころ。お昼のテレビ番組(ワイドショー)で、石原慎太郎と全共闘学生たちの対決がうつっていた。石原はかれらにきみたちの信奉しているマルクスの予測命題はことごとくまちがっているんだよ、と切り込んだ。そのひとつに絶対的窮乏化説(資本主義がすすめばすすむほど労働者の賃金は相対的にも絶対的にも窮乏化するという予測命題)をあげた。「いまの世の中みてみなさい(高度成長真っ只中の時代)。絶対的窮乏化説が間違っていることが証明されている」、と石原はいいはなった。

学生のほうから反駁があるかとおもったのだが、「ナンセンス！」というような罵倒語でしか反応がなされなかった。全共闘は——といってもこの場に集まった学生だけのことかもしれないが——もうすこし知的であってほしいとおもったものである。

なるほどマルクスのいう絶対的窮乏化説は、予測としては外れていたとしても、命題が正しかったからこそ外れたのである。絶対的窮乏化説は、それが唱えられることで労働者の団結による運動を高めたし、資本家は、労働者が絶対的窮乏状態になればもとも子もなくなるし、革命もおこりかねないことを懸念する。かくて個々の資本家の立場をこえた、総資本の立場で社会政策が施行され、労働者の生活の改善へそれなりの配慮がなされた。予測がただしかったからこそ、予測どおりにはならなかったのである。

社会学者ロバート・マートンの用語でいえばマルクスの絶対的窮乏化説は「自滅予言」ということになる。予測がなされなかったならば、たどった道筋を、予測がなされたことにより人間行動を変えさせ、その道筋にいたらなくさせたということである。逆に、健全経営をしている銀行について破産するという虚偽の噂がひろがり、取りつけ騒ぎをおこし、破産してしまうというような、誤った予測が新しい行動をよびおこし、その行動によって最初の誤った予測を真実にしてしまうこともある。これが「自己を実現してしまう予言」である（「予言の自己成就」『社会理論と社会構造』みすず書房）。

本書は、このような予言の自滅や自己成就に関連する知識と実践のフィードバックと循環の類を「再帰性」と呼んで、それが近代の複雑性とダイナミズムの大きな源泉だとしている。

†モダニティとは

ギデンズのいう再帰性とはなにかをみるまえに、ギデンズは現代社会《モダニティ》の特質をどうとらえているかからみておこう。ちなみに英語のモダンには「近代」という意味と「現代」という意味の両方が含まれているが、モダンには過去から弁別されるエポック（新紀元）の含みがある。

現代社会については、脱工業社会やポストモダン社会などと表現されることがおおいが、ギデンズは、われわれはモダニティの彼方のポストモダンに移行しているのではなく、モダニティが徹底した時代、つまりハイ・モダニティを生きているとする。モダニティとは一七世紀以後のヨーロッパに出現し、その後世界中に影響をあたえていった社会生活や社会組織の特殊な様式のことをいう。

現代社会ときたるべきポストモダン社会を考えるには、（ハイ）モダニティの複雑さとダイナミズムの特質を摑むことが重要だとギデンズはいう。モダニティが徹底した現代社会は、運転手が自在に乗りこなせる乗用車ではなく、ジャガノートと通称される超大型トラックのイメージで描かれる。

（ジャガノートは、─引用者）人類が団結してある程度まで乗りこなすことはできるが、同時に突然操縦が効かなくなる恐れもあり、みずからバラバラに解体しかねない、そうした巨大出力エンジンを装備して疾走する車（である）（中略）。超大型トラック《ジャガノート》は、立ちはだかるものを押しつぶし、着実に定まった方向をたどっているように見える時もあれば、突然気まぐれに向きを変え、見通しのきかない方向に突然突き進む場合もある。

ジャガノートに乗ることは、必ずしも不愉快なものではなく、気分を爽快にし、希望にもみちたものではあるが、乗車している者たちがこの旅を十全にコントロールすることはできない。暴発や解体のリスクにみち、不安がともなっている。

暴発や解体のリスクをともなっているのは、モダニティそのものに内在している複雑さとダイナミズムによる。ギデンズは、その源泉を（1）「時間と空間の分離と空洞化」、（2）社会システムの「脱埋め込み」、（3）社会関係の「再帰的秩序化」にあるとする。

それぞれについて見てみよう。

農耕時代のような前近代においては、時間は特定の場所と結びついていた。「どこ」(場所)を離れて「いつ」(時間)はなかった。機械時計やカレンダーによってこのような時間と空間の結合が分離する。時間は場所と切れることで空洞化するが、おなじことは世界地図によって場所にもおこる。世界地図は、特定の具体的な場所や特定の人が住む地域といった感覚から、抽象的な空間感覚を存立させる。この「時間と空間の分離と空洞化」による「いま」と「ここ」の時空間の拡大化がモダニティの第二の特質、社会システムの「脱埋め込み」の環境設定となる。

前近代社会では、人々の活動は「いま」と「ここ」という目の前の特定の脈絡によっておこなわれている。「脱埋め込み」は、社会関係をローカルな脈絡から引き上げ、時空間の無限の拡がりのなかに再設定する。「脱埋め込み」のメカニズムは二つある。ひとつは「象徴的通標」の創造で、もうひとつは「専門家システム」への信頼と依存である。

「象徴的通標」は、貨幣に代表される特定の領域や脈絡をこえて流通できる流通媒体のことをいう。物々交換はローカルな世界に埋め込まれている。貨幣の使用と流通によって社会関係はローカルな世界の埋め込みから離床し、拡大した時空間に解き放たれる。

「専門家システム」は、医療機関や交通機関などの専門家システムとその知識のことである。前近代社会にも聖職者や呪術師のような専門家はいたが、人々はかれらの意見や判断を無視しても生きていくことができた。しかし、近代社会においては、専門家システムを無視して生きることは難しい。「象徴的通標」と「専門家システム」をあわせたものが「抽象的システム」である。現代人は金融システムや飲料水を取り締まる機関などの「抽象的システム」を信用することによって生きている。こうした抽象システムの発達によって、われわれの生の可能性が開かれたが、一方で自分たちからはるかに遠い世界でおこったことがわれわれの私生活にたちどころにおよんでくるという社会問題のあらたな展開をもたらしている。

†再帰性

「時間と空間の分離と空洞化」と社会システムの「脱埋め込み」によって伝統は指針になりえず、あたらしい情報や知がつぎつぎとあらわれる。しかもそれらの情報や知が社会的行為に還流し、その結果が情報や知に影響をあたえる。この循環を再帰性という。冒頭でふれた「自滅予言」や「自己を実現する予言」のように思考と行為が互いに反照しあうことである。このような再帰性が見境もなく働くこと、つまり制度的再帰性が近代の特質なのである。

社会学という知識が行為者の解釈を解釈し、解釈の解釈（社会学）が社会的現実に投下されることで、行為者の行為と解釈に影響を与えていくことについてギデンズはつぎのようにいう。

> 社会学的認識の発達は一般の行為者のいだく観念にいわば寄生しているが、他方で、社会科学のメタ言語のなかでつくり出された概念は、社会科学がもともと記述対象なり説明対象としてきた行為の世界のなかに、日常的に再参入していく。しかし、それによって、すぐに社会的世界が透けて見えるようになるわけではない。《社会学的知識は、社会生活の世界にらせん状に出入りし、社会学的知識のみならず社会生活の世界をもそうした再参入の過程に不可欠な要素として再構築していくのである》。（傍点引用者）

かくて近代社会のリスクは設計ミスや操作員によるミスというより、時空間の分離と空洞化や社会システムの脱埋め込み、社会的知識の再帰性によって高速かつ広範囲に複雑性が増幅し、意図しなかった帰結がつぎつぎとでてくることに、そして、情報や知識によって世界を透明度の高いものにしながらも、再帰性によって社会的世界がつぎつぎと変質し、思わぬ世界が現前してしまうことに起因するのである。

Anthony Giddens, *The Consequences of Modernity*, 1990

（邦訳：松尾精文・小幡正敏訳、而立書房、一九九三）

26 アーリー・ホックシールド『管理される心』（原著刊行年　一九八三）

――われらみな感情労働者

ホックシールド（一九四〇―）米国の社会学者。『管理される心』は現代アメリカの労働の三分の一をも占めている感情労働の徹底解剖。

†商はきつう言うて売れぬもの

大阪の書店でこんなシーンを目撃したことがある。中年風の顧客が突然店員にどなりだした。

「ひとの脚をなんで蹴っていくんや」

「蹴っていません」

「なにいうとんねん。蹴ったやんか。ズボンのここみてみい」

「ちょっとぶつかっただけです」

「ほらみい。蹴ったやんか。お前、態度わるいやんか。あやまったらどや。商売やってるんちゃうんか」

日本商人道は、単に良い物を安く売るだけではない。物を売るときに、お客の気分をよくすること、もっといえばお客をエラくなったような気分にするための諸々のサービスを付加提供することにある。お客に深々とお辞儀をするエレベーターガールやエスカレーターガールがいる所以である。冒頭の中年男の「あやまったらどや。商売やってるんちゃうんか」という言葉もそうした商業文化を背景としていわれたものである。

もちろん商売が純粋な経済的交換であるような社会はない。外国でも高価なものを買えば、店員は微笑んだり、お愛想をいって顧客の気分をよくしてくれる。しかし、伝統的に、日本の場合は、客あしらいのよさが商人文化の重要な部分となってきた。

だからであろう、江戸時代の家訓には「才覚」や「始末」、「正直」などとならんで、かならず「堪忍《かんにん》」があげられている。「堪忍のなる堪忍か、ならぬ堪忍、するが堪忍」「正直五匁、堪忍二匁、思案三匁、養生三匁、用捨一匁」「堪忍者一生相続、正直者一生宝、慈悲者一生祈禱」などのように、である。経営史学者宮本又次は、「堪忍」とは「分に安んじ、あくまで辛抱し、屈辱にも堪え忍ぶこと」（傍点引用者）であるとしている（『宮本又

次著作集第二巻　近世商人意識の研究』講談社)。

しかし、いまやこうした商人文化は、特定の職業にだけ顕著にみられるものではない。店員やセールスマンから客室乗務員、看護師などあらゆる対人サービス職業にひろがった。弁護士や医師などの専門職業でさえ感情労働の面を大きくしている。

†感情の商品化

本書は他者への気配りと配慮を旨とする労働を「感情労働」と呼ぶ。現代社会における感情労働の代表的職業は、笑みや気遣いを絶やさないことが強く要請されるスチュワーデス・スチュワードのような客室乗務員である。かれらは、配膳のためのカートを押す肉体労働や緊急着陸時の的確な判断などの頭脳労働をおこなうが、同時に心からもてなしているという雰囲気をつくるために自分の感情を誘発したり抑圧したりする感情労働者である。感情労働とはつぎのような労働である。

> この(感情―引用者)労働を行う人は自分の感情を誘発したり抑圧したりしながら、相手のなかに適切な精神状態――この場合(客室乗務員によるサービス労働―引用者)は、懇親的で安全な場所でもてなしを受けているという感覚――を作り出すために、

自分の外見を維持しなければならない。この種の労働は精神と感情の協調を要請し、ひいては、人格にとって深くかつ必須のものとして私たちが重んじている自己の源泉をもしばしば使いこむ。

このような労働に従事しているのは、アメリカの労働者の三分の一にも達している。感情労働は「感情表現にとんでいる」女性にふさわしいというジェンダー・バイアスがあるから、女性労働者では二分の一にもなる。男性労働者でも四分の一が感情労働に従事している。かつては、「肉体」労働が一般的だったが、サービス産業の拡大によっていまや「感情」労働が一般的になっている。感情が商品化され、感情管理にもとづく行為が労働として売られる。感情操作に巧みな労働者は（感情）市場での価格が高くなる。

われわれは、葬儀の場では悲しそうな顔をしなければならないなどの感情規則（感情をめぐる社会的ルール）にそって私的に感情管理をおこなっているが、いまや企業によって感情の集中管理がおこなわれている。

本書は航空会社のスチュワーデス訓練センターなどの参与観察をもとに、「真剣に笑顔を鍛えなさい」「いかにして自分の中から怒りを取り除くか」「落ち込まないようにしなさい」などの感情教育や、乗客になりすました私服スーパーバイザーによる勤務評定（感情の勘定）をつうじておこなわれる感情管理の実態を明らかにしている。

　肉体労働や頭脳労働について、仕事が標準化され単純化されることによって意思決定が企業の上層部に集中独占化されることが指摘されてきたが、同じことが感情労働についてもおこっている。企業の上位層によって感情規則や感情管理のマニュアルが作成され、指令されるから、労働者個人が感情労働を自分自身で制御できにくくなっている。マルクスやルソーが、もしいまの時代に生きていたなら、従業員の感情が誰の資本であり、誰がその資本を働かせ、搾取し、どのように利潤を生んでいるかを知りたいとおもうにちがいない、とホックシールドはいう。

　感情労働は演技をともなうが、「表層演技」と「深層演技」にわけられる。表層演技は魂ごとではなく、眉をつりあげたり、口を硬く閉じたり、筋肉をつかって怒りや悲しみをあらわすものである。それに対して、深層演技は、モスクワ芸術座創設者で、かつ演出指導で有名なスタニスラフスキー（一八六三―一九三八）の編み出した演技法である。悲しみの場面では、過去に自分におこった悲しい出来事を思い起こすことによって（悲しみの）感情を呼び起こす演技法、つまり感情記憶を総動員することによる感情喚起である。客室をあたかも自分の家のようにおもったり、手におえない乗客は、心に傷を負っている昔のあの人だとおもって、なにをいわれてもひたすらやさしく接する迫真の演技が深層演技である。

表層演技は感情と演技にすきまが生じるから「感情的不協和」になりやすいが、深層演技は両者のすきまをなくした心の総動員であるから感情的不協和を解消する。ホックシールドが調査した航空会社の感情管理は「心からの笑顔」のような深層演技にかかわるものがおおかったとされている。

†ほんとうの感情探し

中流階級は感情労働にたずさわることが多いから、大人は子どもを小さな感情労働者として躾けるようになる。子どもは自らの感情を感情規則にそって形づくっていくことがもとめられる。新しいカーペットにインクをこぼした子どもはカーペットを台無しにしたことよりも、癇癪《かんしゃく》によってそうしてしまったことが咎《とが》められる。行動そのものよりも感情や意思へのサンクション（賞賛と非難）が行使されるのである。

少なくとも彼ら（中流階級の子ども―引用者）は、自らの感情を管理することの大切さを学んでいる。ある意味で、中流階級の真の教えは、ベンジャミン・スポックの『スポック博士の育児書』ではなく、スタニスラフスキーの『俳優修業』（1948）の中にあると言えるのかもしれない。私たちは深層演技の技術を通して、感情を、利用可能な道具へと変化させているのである。

しかし、こうした感情管理が深層演技まで達することによるコストや巻き返し《バックラッシュ》作用は大きい。というのは感情にはフロイトのいう「シグナル機能」があるからである。人は必ずしも自分が本当のところはなにを望んでいるのか、望んでいないのかを自覚していない。感情はこうした無意識層を意識化するための手がかり＝シグナルである。いつも感情管理のもとに感情コントロールばかりしていれば、感情のシグナル機能が衰弱してしまう。また、装われた感情が覆えば覆うほど、「本来的な」感情や「自然な」感情という管理されない感情に価値があたえられるようになる。感情労働の時代であればこそ、「私はいったい、ほんとうは何を感じているのか?」と、(私のほんとうの)感情探しが恒常化するのである。

Arlie Hochschild, *The Managed Heart: Commercialization of Human Feeling*, 1983
(邦訳：石川准・室伏亜希訳、世界思想社、二〇〇〇)

27 ロバート・D・パットナム『孤独なボウリング』（原著刊行年　二〇〇〇）
――情けは人の為ならず

パットナム（一九四一―）米国の政治学者。『孤独なボウリング』は社会関係資本の衰退という視点から米国社会の変貌を分析。

†格差社会というより不信社会

格差社会論は、一九九八年に刊行された『日本の経済格差』（橘木俊詔、岩波新書）によって火をつけられた。社会問題となり政治的論争にまでいたっている。しかし、おもいおこせば現在の格差社会論は、七〇年代から八〇年代の学歴社会論と奇妙なほど相同な展開をしている。

当時の学歴社会論は、学歴が社会的地位決定に占める割合が高いのは、実力主義に反し、やる気を喪失させると批判した。日本社会がどの程度学歴社会なのかについての多くの実証的研究がおこなわれた。学歴社会は人々が思っているほどではないという学歴社会虚像論があるかとおもえば、日本社会は重症の学歴社会だという説もあった。ここらあたり、格差社会を高齢化という人口構造の変化にもとめ、実態はおもっているほどではないとみる軽症説（大竹文雄『日本の不平等』日本経済新聞社）や、格差社会どころか階級社会化だとする重症説（橋本健二『階級社会』講談社）などと布置がよく似ている。

さらに学歴社会論と格差社会論が似ているのは、このような論説の二次効果である。学歴社会論で、学歴社会を肯定しているものはなかった。よくないといっていたのである。ところが、現実にこのような論説がジャーナリズムを通じてひろがるにつれ、人々をして学歴社会を生き抜くための自衛に走らせた。塾通いなどの受験戦争過熱化や学校ランク過敏症に大いに役立ってしまった。

格差社会論も社会問題として論じられれば論じられるほど、利己的行動に拍車をかけるきらいがないとはいえない。格差社会のみえないセイフティー・ネットとなる、人と人との絆や利他的行動を阻害することに作用してしまうこともすくなくない。

そもそもいまの社会を格差社会としてだけとらえることでよいのだろうか。いまの格差を何パーセントか軽減したからといって、人々の不満が何パーセントか軽減するだろうか。格差をいくらか軽減したところで、あいかわらず格差社会の不満が言い募られるであろう。格差「感」社会は、別のなにかのあらわれなのである。そう、いまの日本は、格差社会としてよりも「不信社会」ととらえるべきではなかろうか。

九〇年代からはじまった政治や経済、教育など制度全般への不信がいまやボルテージを高め、いたるところに蔓延しているのである。もちろん格差社会の現実によってそうした制度不信がましたともいえるが、制度不信という背後感情があったればこそ、格差が大きな不満となったといえる。

一九九〇年代半ばに、フランシス・フクヤマは、日本をアメリカ、ドイツとならんでの「高」信頼社会とし、フランス、イタリア、中国を「低」信頼社会としていた（『信無くば立たず』三笠書房）。しかし、フクヤマがそういっていたときに高信頼社会日本の崩壊がすでにはじまっていたのである。不信は制度に対するものだけではない。人々の間での信頼の欠如にもあらわれている。

†社会関係資本

本書はこうした信頼を「社会関係資本」として概念化し、信頼社会論を展開している。社会関係資本とは、社会的ネットワークとそこから生じる互報性（情けは人の為ならず）と信頼性の規範である。

ネジ回し（物的資本）や大学教育（人的資本）は生産性を（個人的にも集団的にも）向上させるが、社会的接触も同じように、個人と集団の生産性に影響する。

物的資本は物理的対象を、人的資本は個人の特性を指すものだが、社会関係資本が指し示しているのは個人間のつながり、すなわち社会的ネットワーク、およびそこから生じる互酬性と信頼性の規範である。この点において、社会関係資本は「市民的美徳」と呼ばれてきたものと密接に関係している。

市民的美徳だけが豊かでも、孤立した人間関係の中では、美徳は力にはならない。市民的な美徳が互酬的なネットワーク（高社会関係資本）に埋め込まれているときにこそ美徳は強力なものとなる。人々が返礼をくりかえすことで、社会的ネットワークが更新・持続され、市民的インフラとなる。

本書はこのような人々の間の互酬性（贈与の交換）の量と質の変動とその帰結を、全米各地の文書館などから収集した膨大なデータをもとに分析している。クリントン大統領の一般教書演説にも影響をあたえた話題の書である。といっても、社会関係資本が一貫して減少してきた式の単純なノスタルジー史観を展開しているわけではない。地域社会の活動への参加率や参加形態などの時系列データの徹底的な解析によって、二〇世紀初期三分の二時代は社会関係資本の上げ潮で、一九七〇年代から衰弱してきたとする。

ではなにゆえそうなったのか。説明は明快である。社会関係資本の衰退原因の一〇％は共働き家族の増大による時間的、金銭的プレッシャーによる。郊外化による通勤時間などの増大も衰退原因の一〇％。テレビなどの電子的娯楽による私事化が衰退原因の二五％。もっとも重要な要因は世代的変化である。市民活動を活発におこなった一九一〇―四〇年生まれの世代（長期市民世代）が、市民活動に関心のないかれらの子どもや孫にとってかわられているからであるとする。この世代変化要因は社会関係資本衰退の原因の半分を占める、という。

†高社会関係資本の効用

そして、アメリカ各州ごとに州民のグループ所属数やボランティア活動の平均参加回数などいくつかの指数を使い、各州の社会関係資本量を計量し、社会資本気圧図が作成されている。高気圧ゾーンはミシシッピ、ミズーリ川上流を中心に東西にカナダ国境に沿ってひろがっている。「低気圧」ゾーンはミシシッピデルタを中心にかつての南部連合をつらぬいて同心円状にひろがっている。カリフォルニア州と中部大西洋湾岸諸州は「中気圧」地域である。

計測された州別社会関係資本量データをそれぞれの州の生活の質と相関させてつぎのような知見を得ている。

高社会関係資本州では子どもたちも恵まれている
高社会関係資本州では学校もよく機能する
高社会関係資本州では子どものテレビ視聴が短い
高社会関係資本州では暴力犯罪が少ない
高社会関係資本州は好戦的でない
高社会関係資本州は死亡率が低い
高社会関係資本州はより健康的である
高社会関係資本州では脱税が少ない

格差社会是正の手立ては所得再分配などの経済問題だけにとどまらない。社会関係資本を豊かにすることがセイフティー・ネットになることが示唆されている。社会関係資本に富んだ生活をしている人はトラウマにも上手に対処できる。睡眠剤やビタミンCだけに頼るのではなく、悩みを相談できる相手がいるからである。地域社会に絆があれば、安全性も高まるからである。
題名は、米国でボウリング人口は増加しているのに、リーグボール（地域のボウリング場に定期的に集合しておこなうチーム対抗試合）が減ってきたことから、社会関係資本衰弱を象徴する日常現象としてつけられている。ボウリングはアメリカ人の身近で人気のあるスポーツだから、アメリカ人にはわかりやすくキャッチーな題名である。しかし、われわれにその感覚がわかるには一呼吸いる。そこで日本社会用にいいなおすとしたら、「孤独《ひとり》なカラオケ」だろうか……。

Robert D. Putnam, *Bowling Alone: The Collapse and Revival of American Community*, 2000
（邦訳：柴内康文訳、柏書房、二〇〇六）

28 ウルリヒ・ベック『危険社会』（原著刊行年 一九八六）
――グローバル・クライシス

ベック（一九四四―二〇一五）独の社会学者。『危険社会』は現代社会を近代化によってもたらされた危険社会とし、危険の構造分析をおこなっている。

†赤ん坊の地獄

わたしが高校生時代まで住んだ佐渡島の両津町（現在は佐渡市両津）の戦前の乳児死亡率の高さは目にあまるものがあった。もちろん戦前は両津町にかぎらず乳児の死亡率が高い多産多死型だった。一八九〇―一九二〇年代前半までの乳児死亡率（全国）は、一九〇―一五〇人（出生千人につき）であった。日本の人口パターンが多産多死型から少産少死型への変化をはじめるのは一九二〇年代であるが、それでも一九三三年の乳児死亡率は、千人あたり一二一人という高率だった。しかし、同じ年度の両津町のそれは、二一六人。

五人の乳児のうち一人が死亡するという高さだった。両津町の乳児死亡率は全国平均の二倍近いものだった。新潟県の町ではワースト、村を入れても五番目に乳児死亡率の高い地域だったのである。「両津は赤ん坊の地獄」とまでいわれた。

高い乳児死亡率の原因は、貧困や母親の苛酷な労働もさることながら、親たちの衛生知識の不足によるところが大きかった。町長や小児科医などの地元名望家層は、こうした無知が赤ん坊の地獄になる所以だとして、将来、母となる女性の教育が重要とおもい、なんとしても両津町に高等女学校を設立することが必要と考えた。一九四六年五月に両津高等女学校が開校された。のちに新制両津高等学校となる。

高等女学校ができて七年、新制高等学校ができて五年めに、乳児死亡率は全国平均を下回った。以後の乳児死亡率は、全国はもとより佐渡島全体よりも下回ることになった。赤ん坊の地獄を解消したいと女学校設立に奔走した小児科医は、率先して新制両津高等学校の講師となり、高等学校の校舎に地域の母親を招き、新生児や乳幼児の健康診断や育児指導をした。「この高校の生徒がおっかさんになればもうしめたものです」と目をほそめたという。人々が期待した学校と教育の成果があがったのである。

一九五〇年から六五年にかけてのわが国の乳児死亡率の低下についての統計的分析をおこなった小椋正立・鈴木玲子も、低下促進要因に、病院・診療所における出産、上下水道普及率、病床数などとともに母親の教育水準をあげている（「わが国戦後期（一九五〇から一九六五年）における乳児死亡率の低下」総合研究開発機構『日米医療システムの比較研究（上）』一九九三）。

†単純な近代と再帰的近代

高い乳児死亡率という危険は、知識の不足や衛生技術の不備のような近代化の不足によるものである。このように初期的産業社会が格闘したのは、伝統社会の危険を近代化（教育や衛生設備などの改善）によって取り除いていくものであった。しかし、いまわれわれが直面している地球温暖化や放射能汚染などの危険は、伝統社会に原因があるものではない。近代化によってもたらされた災禍である。富を生み出し、快適な生活の源として脚光をあびた原子力や化学や遺伝子工学が危険の発生源となっているのである。

冒頭の事例でいえば、当時（初期産業社会）の人々は無知という伝統社会の不幸を教育の普及（近代化）によって退治しようとしたのであるが、いまおこっている不登校問題や中退問題、勉強嫌いは、近代がなしとげた教育過剰が生んだ病である。現代社会の危険は、過剰な産業生産や教育生産、つまり近代化そのものに原因をもっている。一九八六年のチェルノブイリ原発事故がそうであるように、危険の範囲の広さにおいても、初期産業社会の危険と異なっている。危険が局所的ではなく、人類の滅亡にさえかかわっているからである。

かくて著者は、現代社会を（初期的）産業社会のあとの「危険社会」と命名する。初期的産業社会は伝統社会から産業社会への近代化社会であり、単純な近代をめざしたものであるが、現代は再帰的近代社会であるとする。ここで「再帰的」（reflexive）というのは、「省察」という意味よりも「自己に対決していく」という意味合いで使用されている。

原子力時代の危険は全面的かつ致命的なものである。いわば、あらゆる関係者が必ず死刑執行台へと送りこまれるのである。原子力汚染の危険性を告白することは、地域、国家、あるいは大陸の全域において逃げ道が断たれたという告白に他ならない。われわれが危険を認知したらわれわれはもはや生きのびることができない。こうした危険のもつ宿命的特質は衝撃的である。それは、測定値や限界値とか、短期的結果や長期的結果とかをめぐる論争に対して、そもそもその存在価値を失わせる。

さらに、かつての危険は悪臭や身体の異変などによって直接に経験されたが、いまでは放射能やダイオキシンのように、単純な感覚では知覚不可能で、理論や実験や測定器具のような科学の知覚器官によらなければならなくなった。科学は計り知れない危険を生むことで、これまでもっていた後光を喪失するが、にもかかわらず、危険の知覚において科学が必要不可欠である。こうして科学は両義性をおびたものになる。単純な近代から再帰的近代への変化と並行して単純な科学化から再帰的科学化の時代となっている。

しかし、危険社会の対決を科学者という専門家集団だけにまかせておけば、つぎのような先送りの連鎖も生じてしまう。化学産業は有害な廃棄物を生み出すが、その解決法は、廃棄物集積場をつくることになる。その結果、廃棄物は地下水汚染問題となる。地下水汚染問題は、飲料水の消毒剤を生産する化学産業を生む。さらにこの消毒剤が人間の健康を害するとなれば、医薬品が開発される。しかし、ここでも医薬品の副作用が問題になる。問題の解決が、問題を作り出すという連鎖を生んでしまう。あるいは、薬害被害を医師や薬剤製造の専門家だけにまかせておけば、被告が裁判官の役割を果たすことになる。

だから、「科学的合理性」に「社会的合理性」を対置すること、つまり専門主義から抜け出す脱専門化や超専門化が必要である、とベックはいう。危険の将来性は予測がしにくいし、危険の範囲は専門領域をこえたものである。科学者の利害の介入もさけがたいだけに科学者という専門家集団だけによる危険定義では説得性をもたない。なにが危険であるか、どうすればよいかには、専門家以外の対抗専門家やジャーナリストや素人の意見がはいってくるし、そういったことが必要であるというのである。人々に不安がひろがることによって、危険の社会的定義をめぐる闘争も激しくなる。しかし、このことに混迷と悲観だけをみるべきではない。危険の社会的定義に多くの人々が参加することで環境保護運動などが活発になり、人々を連帯させる契機にもなる。

†サブ政治

サブ政治も活性化してくる。ここでサブ政治というのは、近代社会において政治領域とおもわれなかった技術＝経済の領域が政治の舞台になるということである。

そもそも近代社会において技術＝経済は、政治の管轄外にあった。行政などとくらべると、技術＝経済は、自由に革新を進めることができた。そうなったのは、技術＝経済が進歩信仰（内容を理解しなくとも賛成する）によって担保されたからである。しかし、いまや電子工学も原子炉技術も人間遺伝学も危険を含んでいる。企業の投資決定による社会変化も目にみえない副作用をもたらす可能性をもっている。であればこそ、非政治とされた技術＝経済領域があらたな政治の舞台として脚光をあびることになる。

技術＝経済進歩という非政治は、自分自身でその行動を正当化しなければならないサブ政治へと姿を変えるのである。

今のペースで二酸化炭素排出量を増やしつづければ、二一世紀末には気温は平均三度上昇し、海面が〇・六メートル上昇するという予測も出されている。「持続可能な社会」(sustainable society) や「持続可能な発展」(sustainable development「将来世代の欲求充足能力を損うことなしに、現在世代の欲求を充たすような発展」) が焦眉の課題となっている。本書は、こうした人類の危機の構造という迷宮を解くアリアドネの糸とまではいいにくいにしても、援《たす》けにはなる。

Ulrich Beck, *Risikogesellschaft: Auf dem Weg in eine andere Moderne*, 1986
(邦訳:東廉・伊藤美登里訳、法政大学出版局、一九九八)

Ⅶ　学問の社会学

29 中山茂『歴史としての学問』（一九七四）

——学問・大学・文明

中山茂（一九二八―二〇一四）日本の科学史家。『歴史としての学問』はクーンのパラダイム概念をもとにした東西にわたる学問・文明論。

†四文字以上の学部

日本の大学の学部名は「法」学部や「工」学部のように、もともとは一文字。大正時代に「経済」学部ができて二文字学部が生まれた。だから、以前は「政治経済」学部や「獣医畜産」学部のように、四文字学部は例外的に長い名前だった。三〇年ほど前で調べてみると、四文字学部は全体の二％にすぎなかった。当時は五文字学部（「人文社会科」学部）がひとつあっただけである。

ところが今では、四文字学部どころか、「国際文化交流」学部や「情報社会政策」学部のような六文字学部も珍しくなくなった。「異文化コミュニケーション」学部のように、カタカナと漢字が混じった多文字学部もある。四文字学部どころか六文字以上学部とカタカナ交じり学部がどんどんふえている。それだけではない。同じ大学の学部名や学科名が数年のうちにくるくる変わるのも近年の大学の学部・学科事情である。少子化によって減少した受験生集めのための学部名や学科名改称ではあるが、一文字学部に代表される伝統的な学知の存在意義が揺らいでいるから、こうした改称が容易におきることになる。

こんなときであればこそ、歴史のなかで学問や大学の歩みを知ることが大切であろう。

†パラダイム・通常科学・科学革命

著者は、若いころハーバード大学に留学し、科学史家トーマス・クーン(一九二二—一九九六)に師事し、クーンの名著『科学革命の構造』を翻訳し、日本に「パラダイム」や「通常科学」という言葉を流通させることにもっとも功績があった。本書はクーンの『科学革命の構造』を下敷きにしながらも、クーンよりはるかにスケールを大きくとり、有史以来の東西の学問の社会史を論述している。

パラダイムとは、「一般に認められた科学的業績で、しばらくの間、専門家の間に問い方や解き方のモデルを与えてくれるもの」である。アリストテレスの『フィジカ』やニュートンの『プリンキピア』などがパラダイムの例である。広義にみれば、マルクス主義や歴史家の史観などもパラダイムとよぶことができる。社会学でいえば、21でふれた機能主義理論がパラダイムに近い。

あるパラダイムにそって科学者がおこなう研究が「通常科学」である。元素についての画期的な研究方法が水素についてなされると、それをお手本（パラダイム）にしてヘリウムなど他の元素について解かれていくというのが通常科学である。通常科学は既定路線（パラダイム）のもとに新しい知識情報を累積し追加していくからパズル解きの科学ともいわれる。しかし、既存のパラダイムにそったパズル解きでは説明できない現象があらわれる。通常科学に危機がおとずれ、論争がおこる。いままでのパラダイムが棄却され、あたらしいパラダイムにとってかわられる。これが「科学革命」である。古典物理学に対しての量子力学、ニュートン力学に対しての相対性理論は科学革命の所産である。

通常科学が誕生する前には、諸子百家の学問の無政府状態があるが、そのなかからアリストテレスや孔子のようなパラダイム的人物が生まれる。しかし、それだけでは、あとが続かない。パラダイムには高弟のような支持者集団がいる。高弟たちは、教祖のパラダイムを整備し、経典化（教科書化）する。パラダイムを習得し、パズル解きをはじめる人々が科学技術者や大学教授になることで職業集団化し、さらに弟子教育によって成員の再生産機構が整備される。これが通常科学の制度化である。

このような通常科学による科学や学問の制度化は、西洋においてはアカデミーによって担われたが、やがて大学が制度的科学（学問）の殿堂になった。一九世紀のドイツの大学は、教育と研究の一致というフンボルト理念をもとに、その典型となった。しかし、一九世紀末ともなると、研究の第一線と中等教育修了学生との知的ギャップが大きくなり、教師にとっても学生にとってもフンボルト理念（教育と研究の一致）を維持することがむつかしくなった。こうして制度化された学問の殿堂はアメリカの大学院にうつっていく。

アメリカの大学院は教育と研究の一致という点では、一九世紀のドイツの大学と似ているが、内実はかなり異なっている。ドイツの大学では、習学の自由のもとに学生に受講の自由がかなりみとめられていたが、アメリカの大学院は自由を犠牲にして訓練に重点をおくことになったからである。通常科学の奥行きが深くなったから、詰め込み教育をおこなう必要が増したのである。

大学や大学院で生産された大量の科学技術者や研究者は、大学のほかに中等学校教員市場に進出したが、しだいに官界や産業界にも居場所を確保する。いまでは官庁や企業に科学技術者は大勢いるし、エコノミストも大学だけではなく、官庁や企業にもいる。かくて研究をおこなう場所は大学・官庁・企業の三種類になっている。大学研究と官庁研究と企業研究が鼎立《ていりつ》している状態である。

研究や学問が、アカデミーなどを中心にしておこなわれたアマチュアの営みではなく、大学や研究所などで組織化されたり、科学技術者や大学教授のように専門職化（プロフェッショナリゼーション）されると、あらたな問題がおこる。

専門職業化が成立すると、彼は直接社会に訴える必要はない。専門家の中で認められればそれでよい。専門職業化した集団の中で認められようとすれば、（同じ専門の――引用者）他の専門家の意にかなうような仕事になりがちである。（中略）

この立場を自己弁護するために、これら学問の職業集団の中で掲げられたスローガンが「学問のための学問」「科学のための科学」であって、それが十九世紀ドイツの大学の中から発生したのは故なしとしない。（中略）

十九世紀のアマチュア科学者なら、アイデアの創出がやみ、興味を失えば、学問をやめればよかった。ところが今日、職業化した研究者集団およびその中の個々の成員は、アイデアを発生させる活力を失った後までも、職業として研究者の地位にとどまり、その組織を守り、そしてそのためには後続のアイデアを抑圧する機能をすることにもなりかねない。そして、内からのアイデアの沸騰をやめた個人、ないし組織は、空洞化したまま形骸を保ちつづける。

科学革命などの挑戦的な研究の足をひっぱる勢力は、外部にある以上に研究所や大学という学問や研究のために専門化した制度そのものに構造的に刻みこまれているのである。

†パラダイム輸入社会

一般にパラダイムの発生と制度化は、パラダイムの発生↓支持者集団の形成↓制度化という経路ですすむが、日本のような科学後進国は、出来合いの学問を輸入しなければならなかったから制度が優先し、職業集団を人工的に培養することが先にくる。仏をつくって、そのあとに魂を入れるという方式になる。

明治日本では、科学の制度化にあたって、政府が大きく介在し、大学などの受け皿（制度）が先に形成され、学問集団がそのあとに形成された。学会よりも大学や学科が先にできたから、学者の交流が大学や学科横断的（普遍主義的）になりにくく、大学や学科の縦割りの中の同窓会的、ギルド的性格（個別主義）が濃厚になったとされている。中山は、科学史を志した動機についてつぎのように書いている。

私が科学史に志したそもそもは、身のまわりを見まわして、はたしてこれが知的創造の条件か、日本の学問はこういう雰囲気の中でしかできないのか、と素朴な疑いを抱いた点にはじまる。閉ざされた人間関係の中にあって、海の彼方から来たパラダイムや先人の遺訓を黙々とまもり、もし何か違和感をもてば、自らの方がいたらぬとして、せっせと既成のものに自らを合わせようとする。それができないと、科学者として落第という社会的な烙印を押される。

著者がこう書いてから、三〇年以上経った。はたして日本の学問の現在は、こうしたお寒い状態をぬけだしたであろうか。

（中央公論社、一九七四）

30 ピエール・ブルデュー／ロイック・ヴァカン『リフレクシヴ・ソシオロジーへの招待』（原著刊行年　一九九二）

――学者的誤謬推論を撃て

ブルデューは既出。ヴァカン（一九六〇―）米国の社会学者。『リフレクシヴ・ソシオロジーへの招待』は、社会学と社会学者自体をまな板にのせる。

†ポスト構造主義

レヴィ＝ストロース（一九〇八―）が『野生の思考』（大橋保夫訳、みすず書房）の最終章「歴史と弁証法」でジャン＝ポール・サルトル（一九〇五―八〇）を痛烈に批判したのが、一九六二年である。実存主義的主体の哲学に対して、主体を構造の担い手とする構造主義が宣言された。ブルデュー（一九三〇―二〇〇二）はやや遅れた世代だった。そのぶん、ブルデューは構造主義と距離をとる世代的ポジションにあった。ブルデューの郷里ダンガンなどのフィールド・ワークのなかで、人々の婚姻実践が構造主義のいうように規則を無意識になぞるのでなく、独自の婚姻戦略にもとづいていることを発見したことが大きい。人々が、相続法のような婚姻ゲームの規則の範囲で、年上か年下か、器量よしかそうでないかの「手持ちの札」を考慮しながら、できるだけよい相手を選ぶゲームのセンスによって婚姻実践をなしていることに着目して、組み立てられた概念が婚姻戦略である。かくて、構造主義が行為者を構造の付帯現象にすることに対して、ブルデューは、実践感覚や戦略の概念により行為者（主体）を構造にいれこむ社会理論を構築することになる。

主観主義（主体の哲学）と客観主義（構造主義）を統合した社会分析（ポスト構造主義）のための要の位置にある方法概念が、実践感覚や戦略の生成原理となるハビトゥスである。ハビトゥスは、態度や姿勢を意味するアリストテレスの概念「ヘクシス」(hexis) をスコラ哲学者がラテン語に翻訳したものである。マルセル・モースやエミール・デュルケームなどによって、社会的に形成された習慣の意味で、すでに使われていたが、ブルデューによって洗練された概念になった。

ハビトゥスとは、社会的出自や教育などの客観的構造に規定された実践感覚である。そのかぎりハビトゥスは客観的社会構造の内在化＝心的構造化、つまり構造化された構造であるが、ハビトゥスは個々の実践を臨機応変に生成し、組織する心的システムであるから構造化する構造でもある。その意味でブルデューの社会理論は、生成的構造主義ともいわれる。16でふれた文化資本などの資本の運用の才覚がこのハビトゥスである。構造主義者は、構造→実践→構造という図式を描いたが、ブルデューはそうした構造によって規定されながらも、独自の実践感覚によって個々の実践を導き構造を生み出すハビトゥス概念を媒介項にする。構造→ハビトゥス→実践→構造（左上図参照）とすることで、構造の再生産と変動の思考枠組を案出したのである。

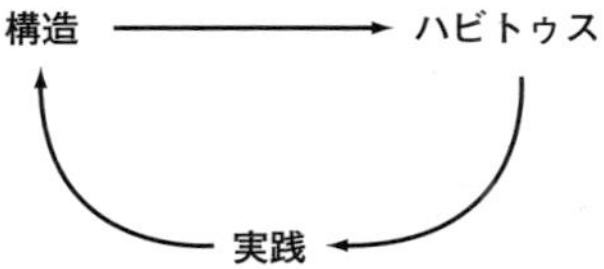

（出所）Harker, R.,"On Reproduction, Habitus and Education", *British Journal of Sociology of Education,* 5(2), 1984

最小限のブルデューのモデル

†社会学の社会学

本書は、ブルデューの授業をもぐりで受講し、社会学の虜《とりこ》となり、アメリカで活躍する社会学者ヴァカンとブルデューによる合作本である。ヴァカンが質問をし、ブルデューが答えるという社会学ライブ（「II部　リフレクシヴ・ソシオロジーの目的」）も入っている。

本書の眼目は、社会学が客観性に近づくための自省性（リフレクシヴィティ）の焦点化にある。社会学は人々の実践の条件づけとなる社会的要因を探索するが、そうだとしたら、おなじように観察者（社会学者）の社会学的実践についても自省されるべきだろうというのである。社会学のまなざしという客観化する企てを客観化することや社会学者という客観化する主体を客観化するということである。この自省的営為が社会学の社会学である。社会学の社会学は酔狂な遊びではなく、社会学の客観性を高めるために是非とも必要な作業なのである。

自省はまず研究者が研究対象に持ち込む歪みを焦点にしなければならない。ひとつは研究者個人の社会的出自によるものである。研究者の階級や性などが偏向プリズムとなってしまうことによるものである。この点については、すでにマルクスなどによって指摘されてきたから、自覚しやすい歪みである。

第二は、ブルデューによって明示化されたもので、社会的出自のような、研究者の社会のなかでの位置による歪みではなく、権力場での学問の位置、学問界全体のなかでのそれぞれの学問の位置（威信）、それぞれの学問界における研究者の立ち位置による影響である。権力場に近い医学や法学と権力場から遠い文学や社会学とでは、なにが探求に値するかなどで大いにちがってくる。また社会学であれ、経済学であれ、研究者がそれぞれの学問界の中心部にいるか、周辺部にいるかによって卓越戦略がちがってくることにより、研究対象の選択や分析視角への影響が出る。中心部の学者（予備軍）は学問場の権力にしたがいながら一歩一歩出世する「地道な戦略」（「継承」戦略）をとりやすい。通常科学風（問題発見と問題解決のために既存の制度化された思考の枠組をよりどころにするパズル解き科学。29参照）の創造性である。周辺部の学者（予備軍）は、「華々しい成功戦略」（「転覆」戦略）をとりやすい。ブルデューが強調するのは、研究者は、学問界における立ち位置が研究に反映されることについて自覚的であれ、ということである。

自省のもっとも重要な対象は、「知性中心主義の誤謬《ごびゅう》」である。学者の視点からする観察の結果を研究対象である行為者の頭のなかにもちこんでしまう誤謬である。実践的な論理について認識的切断をおこなってしまうことによって、実践的論理を理論的論理に還元してしまう誤謬である。この問題は、観察や分析が実践から離れておこなわれるという事実に刻みこまれているから、さきにふれた第一の歪曲《わいきょく》や第二の歪曲よりはるかに根深い。ブルデューは、合理的行為理論——社会的行為を行為者の功利的な費用・収益計算にもとづくとして展開される行為論——をだしにしてつぎのようにいう。

> 哲学も社会科学も実践を把握するうえで無力である理由は、（中略）実践についての学者的思考が実践の内側にその行動に対する学者特有の関係を内包させているという事実のなかにある。（中略）こうした知性中心主義の誤謬の典型となっているのが、

合理的行為理論である。合理的行為理論は、超合理主義的な行為モデルを実体化し、そのモデルを当事者たちの思考へと注入し、それによって当事者たちのふるまいに内在する現実の実践的合理性の探求をあらかじめ閉ざしてしまうことになる。

冒頭にふれたレヴィ＝ストロースの親族や神話研究は、実践を構造の反映とみることによって学者流儀の実践認識を人々の実践に還元しているとされる。であればこそ、ブルデューは、実践を導いている原理として「規則」ではなく「戦略」を取り出したのである。

†学問界に埋め込まれた謬見の自省

ブルデューは、アルジェリアをフィールドとする人類学研究からはじまり、やがてフランスの教育制度や高等教育を研究し、『再生産』(宮島喬訳、藤原書店)や『ホモ・アカデミクス』(石崎晴己ほか訳、同)などをまとめるにいたった。しかし、それは単なる研究対象の転換ではない。教育制度こそは、なにが知ることができるか、なにが知られるに値するものなのか、知るにはどのような手続きが正当なものかを定義する装置である。学問流儀や社会学のまなざしそのものを問題視するならば、学者流儀の認識を押しつける学問生産の場や教育そのものを対象にしなければならなかったからである。学問界特有の厳格な実証主義者について、ブルデューはこういいきっている。

（大学界で——引用者）強いられたことを自分の長所に変えることによって、科学的大胆さのどんな形式にも反対し、実証主義的厳格さという小心な慎重さにつねに高い価値を与えるような負け惜しみ的科学観

こうした「負け惜しみ」の「実証主義的厳格さ」は、学者の官僚化と学問の官僚制化を象徴するものである。学会誌に発表される論文は、学会文法にそうことによって、洗練されてはいるが、知的興奮を伴うものはすくない。挑戦的な問題提起型論文は学術的ではないと論文査読者から掲載を拒否されやすい。学問の洗練という名で実のところは知の官僚制化が進んでいる。

人文・社会科学が、生活人から浮世離れの所作のようにおもわれているのは、日本に特有な輸入学問のせいばかりではない。学者流儀の認識が、生活人の実践の論理とちがう理論的論理だと多くの人々におもわれてしまっているからである。この隘路を乗り越えるには、他者や社会を外側から認識するのとおな、じ、よ、う、に、認識する自分自身と認識枠（専門）について徹底的に客観化することである。マンハイムもこういっている。

全体的イデオロギー概念を普遍的に把握するようになるためには、敵の立場だけではなく、原理上いっさいの立場を、つまり自己自身の立場さえ、イデオロギーとみなす勇気がなければならない。（『イデオロギーとユートピア』高橋徹・徳永恂訳、中央公論新社）

そのためにはブルデューが「掘り起こす必要があるのは研究者の個人的無意識ではなく、その研究分野の認識論的無意識である」と述べているように、再帰的学問ハビトゥスの錬磨と制度化が必要である。たとえそうした試みが、学問界を聖域化し、特権化する学者エスノセントリズム（自集団中心主義）を逆撫ですることにより、憤慨され、疎まれるにしても……。

Pierre Bourdieu/Loic J. D. Wacquant, *Réponses: Pour une anthropologie réflexive*, 1992
Pierre Bourdieu/Loic J. D. Wacquant, *An Invitation to Reflexive Sociology*, 1992
（邦訳：水島和則訳、藤原書店、二〇〇七）

ちくま新書
718

社会学《しやかいがく》の名著《めいちょ》30

二〇〇八年四月一〇日　第一刷発行
二〇二五年四月一五日　第一二刷発行

著者　竹内 洋（たけうち・よう）
発行者　増田健史
発行所　株式会社 筑摩書房
東京都台東区蔵前二-五-三　郵便番号一一一-八七五五
電話番号〇三-五六八七-二六〇一（代表）
装幀者　間村俊一
印刷・製本　株式会社 精興社

ISBN978-4-480-06419-6 C0236

ちくま新書

533
マルクス入門
今村仁司
社会主義国家が崩壊し、マルクス主義が後退した今、マルクスを読みなおす意義は何か？　既存のマルクス像からはじめて自由になり、新しい可能性を見出す入門書。

1535
ヴェーバー入門
――理解社会学の射程
中野敏男
他者の行為の動機を理解し、そこから人間や社会を考える。これがヴェーバー思想の核心だ。主要著作を丹念に読み解き、一貫した論理を導き出す画期的入門書。

071
フーコー入門
中山元
絶対的な〈真理〉という〈権力〉の鎖を解きはなち、〈別の仕方〉で考えることの可能性を提起した哲学者、フーコー。一貫した思考の歩みを明快に描きだす新鮮な入門書。

922
ミシェル・フーコー
――近代を裏から読む
重田園江
社会の隅々にまで浸透した「権力」の成り立ちを問い、常識的なものの見方に根底から揺さぶりをかけるフーコー。その思想の魅力と強靭さをとらえる革命的入門書！

399
教えることの復権
大村はま
苅谷剛彦・夏子
詰め込みかゆとり教育か。今再びこの国の教育が揺れている。教室と授業に賭けた一教師の息の長い仕事を通して、もう一度正面から「教えること」を考え直す。

1014
学力幻想
小玉重夫
日本の教育はなぜ失敗をくり返すのか。その背景には、子ども中心主義とポピュリズムの罠がある。学力をめぐる誤った思い込みを抉り出し、教育再生への道筋を示す。

1337
暴走する能力主義
――教育と現代社会の病理
中村高康
大学進学が一般化し、いま、学歴の正当性が問われている。〈能力〉のあり方が揺らぐ現代を分析し、私たちが生きる社会とは何なのか、その構造をくっきりと描く。

ちくま新書

1354 国語教育の危機 ——大学入学共通テストと新学習指導要領 紅野謙介

二〇二一年より導入される大学入学共通テスト。高校国語教科書の編集に携わってきた著者が、そのプレテスト問題を分析し、看過できない内容にメスを入れる。

1451 大学改革の迷走 佐藤郁哉

シラバス、PDCA、KPI……。大学改革にまつわる政策は理不尽、理解不能なものばかり。なぜそういった改革案が続くのか？ その複雑な構造をひもとく。

1473 危機に立つ東大 ——入試制度改革をめぐる葛藤と迷走 石井洋二郎

秋季入学構想の加速、英語民間試験をめぐる問題……日本のリーディング大学で何が起こっていたのか？ 改革の経緯を見直し、大学のあるべき姿を提示する。

1834 教育にひそむジェンダー ——学校・家庭・メディアが「らしさ」を強いる 中野円佳

ランドセルの色、教育期待差など「与えられる性差」の悪影響と、進行中の前向きな変化。理想（多様性）と現実（根強いバイアス）の間にある違和感の正体に迫る。

317 死生観を問いなおす 広井良典

社会の高齢化にともなって、死がますます身近な問題になってきた。宇宙や生命全体の流れの中で、個々の生や死がどんな位置にあり、どんな意味をもつのか考える。

659 現代の貧困 ——ワーキングプア／ホームレス／生活保護 岩田正美

貧困は人々の人格も、家族も、希望も、やすやすと打ち砕く。この国で今、そうした貧困に苦しむのは「不利な人々」ばかりだ。なぜ？ 処方箋は？ をトータルに描く。

710 友だち地獄 ——「空気を読む」世代のサバイバル 土井隆義

周囲から浮かないよう気を遣い、その場の空気を読もうとするケータイ世代。いじめ、ひきこもり、リストカットなどから、若い人たちのキツさと希望のありかを描く。

ちくま新書

757
サブリミナル・インパクト
――情動と潜在認知の現代
下條信輔
巷にあふれる過剰な刺激は、私たちの情動を揺さぶり潜在脳に働きかけて、選択や意思決定にまで影を落とす。心の潜在性という沃野から浮かび上がる新たな人間観とは。

772
学歴分断社会
吉川徹
格差問題を生む主たる原因は学歴にある。そして今、日本社会は大卒か非大卒かに分断されてきた。そのメカニズムを解明し、問題点を指摘し、今後を展望する。

800
コミュニティを問いなおす
――つながり・都市・日本社会の未来
広井良典
高度成長を支えた古い共同体が崩れ、個人の社会的孤立が深刻化する日本。人々の「つながり」をいかに築き直すかが最大の課題だ。幸福な生の基盤を根っこから問う。

802
心理学で何がわかるか
村上宣寛
性格と遺伝、自由意志の存在、知能のはかり方……。これらの問題を考えるには科学的方法が必要だ。俗説や疑似科学を退け、本物の心理学を最新の知見で案内する。

817
教育の職業的意義
――若者、学校、社会をつなぐ
本田由紀
このままでは、教育も仕事も、若者たちにとって壮大な詐欺でしかない。教育と社会との壊れた連環を修復し、日本社会の再編を考える。

914
創造的福祉社会
――「成長」後の社会構想と人間・地域・価値
広井良典
経済成長を追求する時代は終焉を迎えた。「平等と持続可能性と効率性」の関係はどう再定義されるべきか。日本再生の社会像を、理念と政策とを結びつけ構想する。

1029
ルポ 虐待
――大阪二児置き去り死事件
杉山春
なぜ二人の幼児は餓死しなければならなかったのか？現代の奈落に落ちた母子の人生を追い、女性の貧困を問うルポルタージュ。信田さよ子氏、國分功一郎氏推薦。

ちくま新書

1066 使える行動分析学
――じぶん実験のすすめ
島宗理

仕事、勉強、恋愛、ダイエット……。できない、守れないのは意志や能力の問題じゃない。行動分析学の理論で推理し行動を変える「じぶん実験」で解決できます！

1205 社会学講義
橋爪大三郎／佐藤郁哉／吉見俊哉／大澤真幸／若林幹夫／野田潤

社会学とはどういう学問なのか？ 基本的な視点から説き起こし、テーマの見つけ方・深め方、フィールドワークの手法までを講義形式で丁寧に解説。入門書の決定版。

1304 ひとり空間の都市論
南後由和

同調圧力が高い日本の、おひとりさま。だが都市生活では、ひとりこそが正常だったはずだ。つながりやコミュニティへ世論が傾く今、ひとり空間の可能性を問い直す。

1324 サイコパスの真実
原田隆之

人当たりがよくて魅力的。でも、息を吐くようにウソをつく……。そんな「サイコパス」とどう付き合えばいいのか？ 犯罪心理学の知見から冷血の素顔に迫る。

1366 武器としての情報公開
――権力の「手の内」を見抜く
日下部聡

石原都知事（当時）の乱費や安保法制での憲法解釈の変更など公的な問題に情報公開制度を使って肉薄した毎日新聞記者が、その舞台裏を描き、制度の使い方を説く！

1401 大阪
――都市の記憶を掘り起こす
加藤政洋

梅田地下街の迷宮、ミナミの賑わい、2025年万博の舞台「夢洲」……気鋭の地理学者が街々を歩き、織田作之助らの作品を読み、思考し、この大都市の物語を語る。

1414 武器としての世論調査
――社会をとらえ、未来を変える
三春充希

内閣支持率は西高東低。野党支持は若年層で伸び悩み。世論調査を精緻に見ていけば、この社会の全体像が見えてくる。仕組みの理解から選挙への応用まで！

ちくま新書

1422 教育格差
――階層・地域・学歴
松岡亮二
親の学歴や居住地域など「生まれ」によって、子どもの学歴・未来は大きく変わる。本書は、就学前から高校まで教育格差を緻密に検証し、採るべき対策を提案する。

1436 教え学ぶ技術
――問いをいかに編集するのか
苅谷剛彦
石澤麻子
オックスフォード大学の教育法がここに再現！　論理をいかに構築するのか？　問いはどうすれば磨かれるのか？　先生と学生との対話からその技術を摑み取れ。

1528 レイシズムとは何か
梁英聖
「日本に人種差別はあるのか」。実は、この疑問自体が差別を生み出しているのだ。「人種」を表面化させず、差別を扇動し、社会を腐敗させるその構造に迫る。

1547 ひとはなぜ「認められたい」のか
――承認不安を生きる知恵
山竹伸二
ひとはなぜ「認められないかもしれない」という不安を募らせるのか。承認欲求を認め、そこから自由に生きる心のあり方と、社会における相互ケアの可能性を考える。

1573 日本の農村
――農村社会学に見る東西南北
細谷昂
二十世紀初頭以来の農村社会学者の記録から、日本各地域の農村のあり方、家と村の歴史を再構成する。日本人が忘れ去ってしまいそうな列島の農村の原風景を探る。

1612 格差という虚構
小坂井敏晶
学校は格差再生産装置であり、遺伝・環境論争は階級闘争だ。近代が平等を掲げる裏には何が隠されているのか。格差論の誤解を撃ち、真の問いを突きつける。

1622 グローバリゼーション
――移動から現代を読みとく
伊豫谷登士翁
ヒト、モノ、カネが国境を越えて行き交う現代世界で、なぜ自国第一主義や排外主義が台頭するのか。グローバル化の根本原理を明らかにし、その逆説を解きほぐす。

ちくま新書

1656
臨床心理学小史
サトウタツヤ
「過去は長いが、歴史は短い」。フロイトからマインドフルネスまで、臨床心理学の歴史と展開の百数十年を概観し、現代の心理実践を考えるための一冊。

1661
リスクを考える
――「専門家まかせ」からの脱却
吉川肇子
なぜ危機を伝える言葉は人々に響かず、平静を呼びかけるメッセージがかえって混乱を招くのか。コミュニケーションの視点からリスクと共に生きるすべを提示する。

1686
聞く技術 聞いてもらう技術
東畑開人
「聞かれることで、ひとは変わる」。人気カウンセラーが教える、コミュニケーションの基本にして奥義。読んですぐに実践できる、革新的な一冊。

1711
村の社会学
――日本の伝統的な人づきあいに学ぶ
鳥越皓之
日本の農村に息づくさまざまな知恵は、現代社会に多くのヒントを与えてくれる。社会学の視点からそのありようを分析し、村の伝統を未来に活かす途を提示する。

1759
安楽死が合法の国で起こっていること
児玉真美
終末期の人や重度障害者への思いやりからの声がある一方、医療費削減を公言してはばからない日本の政治家やインフルエンサー。では、安楽死先進国の実状とは。

1760
「家庭」の誕生
――理想と現実の歴史を追う
本多真隆
イエ、家族、夫婦、ホーム……。様々な呼び方をされるそれらをめぐる錯綜する議論を追うことで、これまで語られなかった近現代日本の一面に光をあてる。

1789
結婚の社会学
阪井裕一郎
「ふつうの結婚」なんてない。結婚の歴史を近代から振り返り、事実婚、同性パートナーシップなど、従来のモデルではとらえきれない家族のかたちを概観する。

ちくま新書

1797
町内会
――コミュニティからみる日本近代
玉野和志
加入率の低下や担い手の高齢化により、存続の危機に瀕する町内会。それは共助の伝統か、時代遅れの遺物か。コミュニティから日本社会の成り立ちを問いなおす。

1806
「性格が悪い」とはどういうことか
――ダークサイドの心理学
小塩真司
あなたにもある「ダークな心」、マキャベリアニズム、サイコパシー、ナルシシズム、サディズム。特性、仕事との相性、人間関係などを心理学が分析。何が問題か？

1817
エスノグラフィ入門
石岡丈昇
「場面を描く、生活を書く」『タイミングの社会学』（紀伊國屋じんぶん大賞２０２４第２位）の著者、最新刊。エスノグラフィの息遣いを体感する入門書。

1821
社会保障のどこが問題か
――「勤労の義務」という呪縛
山下慎一
日本の社会保障はなぜこんなに使いにくいのか。複雑に分立した制度の歴史を辿り、日本社会の根底に渦巻く「働かざる者食うべからず」という倫理観を問いなおす。

1826
リサーチ・クエスチョンとは何か？
佐藤郁哉
「問い」は立てるだけで完結しない！　調査し分析する過程で、問いは磨かれ、育ち、よりよい問いへと変化を遂げるものだ。それを可能にするメソッドを解説する。

1843
貧困とは何か
――「健康で文化的な最低限度の生活」という難問
志賀信夫
生きてさえいければ貧困ではないのか？　気鋭の貧困理論研究者が、時代ごとに変わる「貧困」概念をめぐる問題点を整理し、かみ合わない議論に一石を投じる。

1845
なぜ人は自分を責めてしまうのか
信田さよ子
「自責感とうまくつきあう」。当事者の言葉を辞書として、私たちを苦しめるものの正体に迫る。公開講座をもとにした、もっともやさしい信田さよ子の本。